U0562337

你是那99%，还是那1%？
像经济学家一样思考

Think Like an Economist:
Get to Grips with Money and Markets

〔英〕安妮·鲁尼（Anne Rooney） 著
魏裕洪 译

中国出版集团
中译出版社

图书在版编目（CIP）数据

你是那99%，还是那1%？：像经济学家一样思考 /（英）安妮·鲁尼（Anne Rooney）著；魏裕洪译. —北京：中译出版社，2022.2（2022.9重印）

书名原文：Think Like an Economist
ISBN 978-7-5001-6947-5

Ⅰ.①你… Ⅱ.①安… ②魏… Ⅲ.①经济学-通俗读物 Ⅳ.①F0-49

中国版本图书馆CIP数据核字（2022）第017832号

Think Like an Economist: Get to Grips with Money and Markets
by Anne Rooney
Copyright © Arcturus Holdings Limited
www.arcturuspublishing.com
The simplified Chinese translation copyright
© 2022 by China Translation and Publish House
ALL RIGHTS RESERVED

版权登记号：01-2021-7238

出版发行	中译出版社
地　　址	北京市西城区新街口外大街28号普天德胜大厦主楼4层
电　　话	(010) 68359373, 68359827（发行部）68357328（编辑部）
邮　　编	100088
电子邮箱	book@ctph.com.cn
网　　址	http://www.ctph.com.cn
出版人	乔卫兵
策划编辑	李　坤
责任编辑	郭宇佳　李　坤
文字编辑	李　坤　张梦凯
封面设计	潘　峰
排　　版	北京竹页文化传媒有限公司
印　　刷	山东临沂新华印刷物流集团有限责任公司
经　　销	新华书店
规　　格	787毫米×1092毫米　1/32
印　　张	9.25
字　　数	144千字
版　　次	2022年2月第一版
印　　次	2022年9月第二次

ISBN 978-7-5001-6947-5　定价：59.00元

版权所有　侵权必究
中译出版社

前言 经济学是什么？

经济学源于我们的以下需要，即选择如何使用我们的所有物、如何分配我们的资源——它事实上是为了节约。

你更愿意花钱去度假还是买个新沙发？你希望政府在教育上加大投入还是希望政府减少税收？医疗保健应该是免费的吗？

此类问题是经济学的核心问题。它们要求我们选择如何使用我们的金钱或政府的财政资源，要知道选择一件事往往意味着放弃另一件事。当我们必须处理稀缺性——选择如何分配有限的资源时，就会出现这些问题。

这些问题之所以出现，是因为对大多数人以及所有政府来说，金钱是一种有限的资源。你可能没有足够的金钱来同时选择买沙发和度假；政府可能没有足够的金钱来同时改善教育和减少税收。不仅金钱是有限的，土地和时间也是如此。

如果一切都很充足，有无限的食物、土地、住房、医疗、教育、交通和书籍，我们就不需要钱，不需要做选择或优先考虑一件事，因此也就不需要经济学。

资源永远不足够

我们使用的所有东西——食物、住房和书籍都被经济学家称为资源。它们中的大多数都是限量供应，用经济学家的话说，是稀缺资源。

经济学家所说的"稀缺"与其他人略有不同。它并不意味着资源是稀有的或供应短缺的，就像雪豹是稀缺的一样。而是说，资源的供应是有限的：要么它绝对不可再生，要么它按照使用速度来说不可再生。因此，石油是一种稀缺资源，即使一些国家有大量的石油，但最终它将耗尽，无法得到补充。从本质上讲，经济学讨论的是，选择如何使用稀缺资源。

很少有东西在本质上是无限供应的，如空气、海水、阳光和风能。经济学家通常把这些东西称为免费物品，尽管在现实中空气和海水也将是有限的。

如何做出选择？

稀缺性迫使我们做出选择。我们可能会选择是利用我们的时间来打理菜园还是做运动，因为我们的时间有限，必须选择如何最好地利用它。企业可能需要选择让数量有限的员工生产手推车还是生产梯子，这取决于哪种商品获利更多。政府则可能需要选择将财政收入用于福利还是用于修路。

在每个案例中，我们都必须仔细考虑成本和收益，这往往涉及权衡：这通常意味着拥有一件东西需要我们放弃另一件。如果你把钱花在度假上，那就可能没有足够的钱买新家具。如果你为了有更多时间与家人在一起而做兼职工作，那么你赚的钱会比全职工作的收入少。你可以选择要么拥有金钱要么拥有自由时间。

失去的机会和代价高昂的机会

经济学家用数学来分析这些司空见惯的想法，创建有用的模型来解释经济中发生的事情，并帮助个人、企业和政府对未来做出计划。

想象一下，一个果农可以在他的土地上同时种植草莓和树莓两种作物。但他只有有限的土地，所以必须采用最有利的使用土地的方式。

如果这个果农选择种植更多的草莓，那么他就必须减少种植树莓；反之亦然。如果我们画一个图（见下页图），就可以计算出种植每种水果的机会成本。这个果农一共有3个塑料大棚，所以必须选择将多少个分配给草莓，多少个分配给树莓。

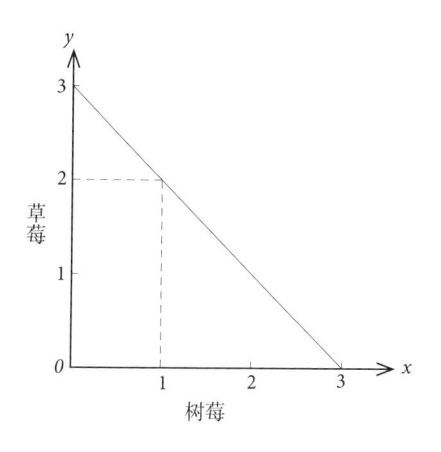

如果这个果农决定用两个塑料大棚种植草莓,那么他就只有一个塑料大棚可以种植树莓。对于他种植草莓的每一个塑料大棚,机会成本是一个用于种植树莓的塑料大棚;对于他种植树莓的每一个塑料大棚,机会成本是一个用于种植草莓的塑料大棚(详见上图)。

无限量供应

免费物品指的是不需要花费资源就可以生产的物品。具有讽刺意味的是,这导致了免费物品的定义可以既包括又排除同一些项目。无形的商品,如计算机程序、网页或电子书,可以在不使用更多资源的情况下被任意下载,因此它们都是免费物品。但是,这些商品的原件需要花费资源（表现为时间、技能和劳动）来创造。如果出版商对程序或电子书收费，那么该物品的复制品就不再是免费物品，因为消费者必须使用资源（金钱）来获取它们。知识产权将免费物品转化为稀缺商品，以承认其最初创造过程中使用的资源。

后稀缺经济

一些未来学家认为，纳米技术（在分子层面上创造事物）未来可能被用来将任一种类的物质转化为另一种质量相同的物质。

届时，所有商品都将成为免费物品，因为它们可以无限地互相转换——对任何特定类型的商品都没有限制。

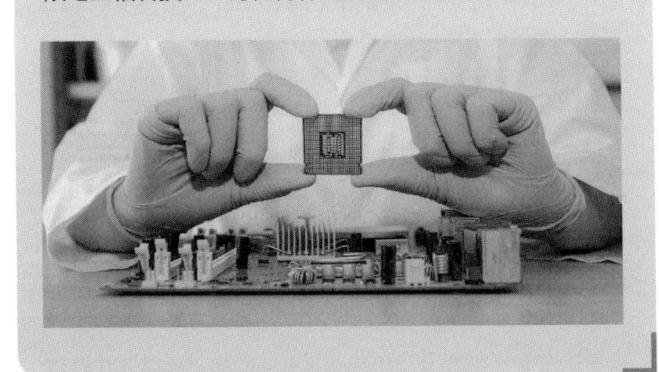

当直线变得弯曲

在草莓-树莓案例中,机会成本图是一条直线:用来种植草莓的塑料大棚每多一个,就意味着用来种植树莓的塑料大棚少了一个;反之亦然。但很少有这么简单的情况。

再举个例子,假设我们有一座岛屿,一边是肥沃的土地,另一边是多岩石的灌木丛林地。岛上的主要农业产品是山羊和小麦。岛民们必须决定如何使用这些土地。这一次,机会成本不是一条直线,因为资源(土地)是不均匀的。在多岩石的灌木丛林地上种植小麦将非常困难——小麦几乎无法在那里生根;但是山羊可以在灌木丛林地生活。在肥沃的土地上饲养山羊也很容易,但这会很浪费,因为种植小麦显然是更合适的选择。

岛民们最初在肥沃的土地上种植小麦。随着肥沃的土地被消耗,每英亩①的小麦产量将会下降。在多岩石的灌木丛林地上,小麦的产量很低。这意味着种植小麦的机会成本上升,因为岛民们是在不合适种植小麦的土地上种植小麦。在肥沃的土地上,每饲养一只山羊可

---

① 英亩是英美制面积单位,一般在英国、美国等地区使用,1英亩=4046.86平方米。——编者注

能需要放弃400千克的小麦；但在灌木丛林地，要获得400千克的小麦则需要放弃4只山羊。因此，400千克小麦的机会成本在1—4只山羊之间变化。

因此，在肥沃的土地上饲养一只山羊的机会成本是400千克小麦，但在灌木丛中饲养一只山羊的机会成本只有400÷4=100千克的小麦。

机会成本

经济学家将这种权衡所涉及的核心概念称为"机会成本"。一个新沙发的机会成本是你无钱支付的假期；而花时间运动的机会成本是菜园无法被维护。

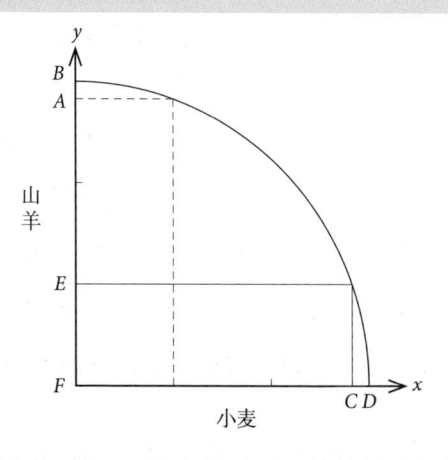

上图显示，第一茬小麦相对于山羊的机会成本很低，

只有线段AB。随着我们沿着曲线进一步移动，使用越来越多不适合种植小麦的土地种植小麦，种植小麦的机会成本也在上升。线段CD所代表的较少小麦产量是以大量的潜在山羊（线段EF）为代价的，最大的总产量（山羊和小麦的总和）出现在曲线的中间位置。这代表了最好的土地被用来种植小麦，最差的土地被用来饲养山羊的最优点。这是对资源的最有效利用。在这一点上，该案例中的经济是最成功的。

更多和更少：供给和需求

第v页中的图表没有表明，应该选择种植哪种作物。选择权在果农手中，但也还有其他因素需要考虑。如果他只种植一种作物，也许没有足够多的人愿意购买它。从经济学的角度来看，这意味着他必须确定市场对（比如说）树莓是否有足够的需求，以确保所有的供应都能被售出。如果市场需求不足，他将不得不以较低的价格出售树莓来处理库存。否则，树莓就会腐烂在仓库里。他可能会认为，用他的资源（塑料大棚、肥料、农场工人）来种植两种作物是更安全和更有利可图的。这增加了售出所有产品的可能性，如果需求量比供给量大，甚至可以以更高的价格售出。供给和需求是塑造经济活动的核心要素。

在生产可能性边界上运作

显示一个国家如何在小麦和山羊之间分配其资源的曲线被称为生产可能性边界（PPF）曲线。如果一个国家在曲线上的某一点进行生产，那么意味着它所有的资源都在被使用。如果它在曲线内（线的左边）生产，说明它还有未使用的资源，而且生产力比它可以达到的最高点要低。只有在情况发生变化时，它才能在曲线的外侧（右边）进行生产。也许农民应该开始种植产量更高的小麦，或者种植能容忍质量较差的土壤的品种，或者他们应该通过使用更多的化肥来提高单位产量。

各国的基本需求各不相同：保暖衣物是北欧人的基本需求

欲望和需求

消费者,即那些购买或"消费"商品和服务的人,使用他们的资源来获得他们需要和想要的东西。只要他们有足够的钱来购买他们需要的一切,他们就可以用剩下的钱来购买他们想要的东西。在经济学中,需求和欲望之间的区别很重要。

需求必须得到满足,一个人才能够生存。它包括食物、饮用水、住所和足够多的用以保持温暖的衣服。这些都是我们最基本的需求。

其他需求因时间和地点而异。例如,生活在北欧的人需要大量的保暖衣物,而生活在尼日尔的人则不需要。被认为必要的物品在不同的文化中有所不同,并随着时间的推移而变化。在现代世界,汽车被认为是乡村地区的必需品,因为没有汽车就很难出行。在过去,马是一种必需品,但现在它是一种奢侈品。经济学家评估并确定不同情况下的人们需要什么,以便有一个可接受的生活标准。

一旦基本需求得到满足,任何剩余的钱都可以用来满足欲望。与需求不同,欲望是无限的。我们需要一定数量的食物、足够大的住所和足够多的衣服来保护我们不受天气的影响，但我们的欲望是无穷的。一旦我们有了充足的食物，我们可能想要更美味的食物。此外，我们还可能想要更大的房子，更好的车，更多的假期——人们想要的东西是没有尽头的。除了顶级富豪，所有人都必须决定如何分配他们的财富。即使是顶级富豪也必须选择如何分配时间，因为所有人的寿命都是有限的。

在尼日尔，基本需求包括食物、饮用水、住房和医疗服务

对于种植树莓和草莓的果农来说，有必要使水果具有吸引力，因为对消费者来说它不是必需的（虽然他们需要食物，但他们不一定需要这些特殊类型的食物）。

人们可能会选择花钱买这些，而不是买其他非必需的食品（如冰激凌，或苹果等水果）。决定消费者如何花钱的是价格。

在市场中

当经济学家使用市场这个术语时，他们指的是任何这样的（无论是真实的还是虚拟的）场所，买家和卖家在那里互动，用货物和服务换取金钱。他们谈论的是不同商品和服务的"市场"，例如，电力的市场和摩托车的市场，而且通常有许多卖家和买家。卖家试图吸引买

股票市场只是买家和卖家争相销售商品的一种环境

家，通过提供更有吸引力的价格、更好的产品质量等，与同一市场的其他卖家竞争。市场之间也存在着竞争，特别是那些涉及满足欲望而非需求的商品的市场。

如何创造经济活动？

只有当人们通过互动来生产、交换商品和服务时，经济才会出现。存在着各种规模的经济，从我们自己的家庭经济到范围更广的当地经济，都是国家经济的一部分，而国家经济是全球经济的一部分。

如果我们过着与世隔绝的生活，吃的食物都是自己种的，衣服是自己做的，房子是自己建的，孩子是自己照顾和教育的，医疗问题是自己处理的，那么就不会有经济活动。

随着经济的发展，不同商品和服务的市场逐渐形成，出现了一种交换手段（现今是货币，但曾经是以物易物），并且出现了分配资源的需要。

经济学涉及个人、社会和国家如何分配资源，以生产满足人们欲望和需要的商品和服务。一个经济体面临三个重要问题：

- 生产什么？资源有限，所以必须谨慎地分配
- 如何组织生产？存在不同的方式来制造商品和提供服务。一个经济体将寻求最有效的生产方法，以最大限度地利用其资源
- 谁将从生产的商品和服务中受益？一些商品和服务将供公众使用，另一些则供私人使用。一个社会中的财富分配与这个问题有关

> "经济预测的唯一功能是使占星术看起来值得尊敬。"
>
> ———
>
> 埃兹拉·所罗门（Ezra Solomon），斯坦福大学经济学教授

商品和服务

消费者把钱花在商品和服务上。简单地说，商品是有形物品，如电脑、自行车、馅饼和啤酒等。服务是指其他人给客户提供服务的活动，如理发、擦窗户、提供财务建议、在餐厅提供饮食或修复供暖系统等。

经济学的局限性

物理学是一门新的理论可以通过实验来证明或证伪的科学，但经济学不同。本书所涉及的许多问题仍有待讨论，不同的经济学家对如何解释或解决这些问题往往有不同的看法。即使在处理最紧迫的经济问题时，如如何拯救一个国家失灵的市场或在非洲撒哈拉以南的地区抗击饥荒，经济学家们也会对不同的观点和理论争论不休。经济学是一门相对较新的学科，而且经济的发展和变化很快。经济学家们在很大程度上还没有完全搞清楚状况。

宏观和微观

经济学有两大分支学科：
- 微观经济学关注的是个人和企业的经济活动和决策。它包括以下问题，如选择如何花钱，处理税收和投资问题，研究价格和成本，等等
- 宏观经济学关注的是更广泛的问题，如整个国家或整个行业的经济，如石油化工或农业。它包括诸如就业、通货膨胀、利率、国民财富和汇率等问题

目 录

第 1 章 货币到底是什么？ 1
经济学的一个基本研究对象是贸易（或商业），而后者的核心是货币。那么，货币到底代表什么？

第 2 章 我们如何制造物品？ 15
很久以前，还没有制成品。现在，几乎所有东西都以某种方式经过了加工。

第 3 章 供给和需求是如何发挥作用的？ 25
在自由市场中，经济学遵循供求规律。

第 4 章 成本是否反映价值？ 41
商品上的价格标签仅仅暗示了生产成本。

第 5 章 如何分辨一个国家是富裕还是贫穷？ 55
你生活在一个富裕的国家吗？衡量国家间的相对财富是一个棘手且微妙的过程。

第 6 章　我们是如何走到这一步的？　69
现代经济体系的发展经历了一个漫长的时期。其间，它们随着社会的变迁而不断做出调整。

第 7 章　现在全世界都是市场经济了吗？　79
一个国家很少有机会从头开始设计经济制度。

第 8 章　我们为何纳税？　89
没什么事是确定的，除了死亡和赋税。

第 9 章　我们为什么不直接印更多的钱？　99
在一个经济体中，流通的货币总额是固定的，但有时会不够用。

第 10 章　我们还需不需要制造业？　107
我们听到过很多关于如何生活在一个后工业时代的讨论。但是，没有制造业怎么行？

第 11 章　你购买的是什么？　115
营销专家努力将价格定在能够鼓励人们消费的水平上。

第 12 章　为什么我找不到工作？　125
失业率时而上升，时而下降，为什么会这样？

第 13 章　哪些应该国有？　137
在有些国家，国家拥有重要的公用事业、工业和基础设施；而在其他国家，这些都是私营的。

第 14 章　通货膨胀是好事还是坏事？　147
没有人喜欢涨价，但物价停滞不前又不利于经济发展。

第 15 章　你是那 99%，还是那 1%？　161
不平等是现代经济的灾难。

第 16 章　为什么有些国家花钱让农民休耕？　177
奖励农民空置田地的"休耕补助金"，其原因是什么？

第 17 章　现金要退出市场了吗？　185
它是否已经过时了？

第 18 章　金融危机是如何发生的？　197
2008 年，世界货币市场的脆弱性显露无余。

第 19 章　紧缩政策可行吗？　209
刺激政策还是紧缩政策？经济衰退时，哪个才是最佳的补救措施？

第 20 章　商店还能存在多久？　219
在过去的 20 年里，一些大型商店彻底关门了。

它们的消失影响大吗?

第21章　股市是如何运作的?　227
股市是国家经济的重要组成部分,但它实际上是做什么的?

第22章　援助真的有作用吗?　239
海外援助是一个有争议的话题。

第23章　我们如何从国际贸易中获益?　253
交通的改善和互联网使全球贸易比以往任何时候都更加容易。

第24章　跨国公司是如何合理避税的?　267
逃税是犯罪,但避税不是。全球化使避税变得更容易。

第 1 章

货币到底是什么？

经济学的一个基本研究对象是贸易（或商业），而后者的核心是货币。那么，货币到底代表什么？

货币是任何可用于交易的代币，无论是实物的还是虚拟的。它可能有内在价值，如一盘黄金；也可能只有象征性的价值，如一张印有花哨设计的纸条。它可能没有实体存在，比如虚拟货币比特币——一种独立于主要银行系统运作的数字货币。当然，即使是金币的"内在"价值，也是由文化决定的。在珠宝和商业之外，黄金的用途有限。它现在被用于电子产品，但这种用途是在黄金首次被认为有价值很久后才出现的。与其他金属相比，用黄金制作皇冠和珠宝更容易，因为它很柔软，没有腐蚀性。皇冠和珠宝不是生存的必要条件——它们不是"需求品"。

以物易物并不顺利

试着想象一个没有任何形式的货币的世界。如果你想要自己找不到或无法制造的东西而其他人拥有这些东西，你就需要说服拥有它的人把它给你。他们可能不愿意免费给你，可能会用它来交换你拥有的东西。这就是所谓的以物易物。如果你有一张猛犸象皮而你想要一些西瓜，你可能要花很长时间才能找到一个有西瓜而又想要猛犸象皮的人。如果有西瓜的人想要一个土碗，你可能要用猛犸象皮换一个土碗，然后用土碗换西瓜（如果你能找到有西瓜而想要土碗的人的话）。由此可以看到以物易物是如何迅速成为一项复杂、耗时且经常令人沮丧的工作的。这个问题被称为"需求的重合"，或"需求的双重重合"，使以物易物的过程变得笨重和低效。

相反，大多数社会都发展出了某种形式的交换机制。这种机制的运作基础是，每个人都同意用某种代币（也许是贝壳）来代表价值。

黄金镣铐

16 世纪的哲学家托马斯·莫尔（Sir Thomas More）爵士在其著作《乌托邦》中讽刺了人类对黄金的贪婪。莫尔的乌托邦人认为黄金会使人堕落，所以将其用于不光彩的用途。他们的锅和凳子都是用金银做的……他们还用同样的金属为他们的奴隶制作手铐和脚镣；他们在其中一些人身上挂上黄金耳环，作为耻辱的象征。如此，他们通过一切可能的手段，使金银不再受人重视。因此，当其他国家放弃这些金属，就像有人把他们的肠子挖出来一样时，乌托邦人却会在需要的时候把他们所有的金属都交出来,就好像只是放弃了点小钱,类似我们丢了一便士的感觉。

"他们在海岸上发现珍珠,在岩石上发现钻石和红宝石。他们不追求这些东西,但如果他们偶然发现了它们,就把它们擦亮,给他们的孩子做装饰品,后者在童年时就喜欢这些东西。但当这些孩子长大成人后,看到除了孩子以外没有人使用这种饰品,他们就会主动把它们放在一边;以后再使用它们,就像我们中长大的孩子一般,对他们的玩具感到羞耻。"

托马斯·莫尔爵士,《乌托邦》,第二卷

价值可以在人与人之间转移,用来交换商品和服务。这使得用猛犸象皮换取贝壳,然后用贝壳换取西瓜变得容易。西瓜种植者可以用这些贝壳来买椅子、船或鸡,或任何他所需要的东西。当社区里的每个人都接受贝壳是有价值的观念时,它们就成了一种交换手段——货币。

货币的四大功能

1875年,英国经济学家威廉·杰文斯(William Stanley Jevons)在他的《货币与交易机制》一书中提出了货币的四大功能。他说,货币是一种交换媒介,一种共同的价值尺度,一种价值标准和一种价值贮藏手段。一些经济学家认为,储存货币意味着你不能花费(交换)它,而花费它意味着你不能保存(储存)它,所以这两者是相互排斥的。但货币在不同时期可以同时发挥这两种功能。

一种现代的研究进程通常列出货币的三种功能:

- 交换媒介
- 价值贮藏
- 记账单位

货币被称为交换媒介,是因为它促进了商品和服务的交换(互换),充当了猛犸象皮和西瓜等不同物品之间的中介。作为一种价值贮藏手段,重要的是,无论选择什么作为交换媒介，它都不能轻易变质或腐烂。这是选择黄金作为交换媒介的一个原因。选择新鲜水果作为交换媒介是不理智的，因为它很快就会腐烂。

经济学家承认两种类型的价值：一种是特定商品或服务的效用（有用性），一种是商品或服务在交换时获得其他商品和服务的能力。任何作为货币使用的东西都有交换价值，它也可以有使用价值。

货币的最后一个功能，即记账单位，意味着必须有一个一致的方式来衡量或计算货币，并且为其他物品提供定价单位。这功能由货币承担：我们用美元、英镑、欧元、人民币、日元、比索等计算货币。

当货币出问题

当经济衰退时，价格的上涨可能超出所有合理的衡量标准，然后每个单位货币能购买的东西将越来越少——其交换价值下降。在这种情况下，货币本身不再是一个好的价值贮藏手段。这方面的典型例子是在20世纪20年代，德国货币马克几乎变得一文不值。1918年1马克可购买的物品在1923年需要花费30亿马克才能买到。因此，德国有些人开始使用其他货币或交换媒介来代替马克。

商品货币

人们将被用作货币的实体物品称为商品货币。该物品本身必须具有公认的内在价值。曾被作为商品货币的物品包括:

- 北美的鸭皮和海狸毛皮。哈得逊湾有一个关于海狸皮的官方汇率。一张海狸皮可以换取两把剪刀、5磅糖、20个鱼钩或一双鞋。12张海狸皮可以换取一把枪
- 装饰品,如贝壳、镜子、珠子和装饰的皮带。荷兰商人在1626年购买曼哈顿岛时,向美国原住民支付的部分款项是珠子
- 腐烂较慢的食品,如盐、胡椒、大麦、大米、鱼干和牛肉干
- 烟草和香烟。香烟经常被士兵和囚犯作为货币使用。在第二次世界大战的一些战俘营中,曾形成一个以香烟为基础的完整经济系统

使用石头货币的小岛

在太平洋的雅浦岛，几个世纪以来，车轮状的石头一直被当作货币使用。有些石头很小，但有的非常大——直径达3.6米，重量超过4 000千克。它们由在帕劳开采和雕刻的石灰石制成，通过竹制独木舟运到雅浦。

一块石头的商定价值取决于其大小、工艺和历史。矛盾的是，最有价值的石头是那些在运输过程中没出人命的石头，以及出过最多人命的石头。最大的石头鲜少移动，关于它的交易只是记录所有权的变化。有一块石头甚至在运输到雅浦的过程中掉进了海里，但仍然被交易，因为能否取得它并不重要。每个人都知道它在哪里，由谁拥有。无法从海中取回的石头的所有权是虚拟货币的早期例子。

> **三颗人头换龙纹罐**
>
> 婆罗洲的一些佩南人用敌人的首级作为贡品献给能影响水稻收成的神灵。为使水稻丰收而献祭的首级,由于其贿赂神灵的功效,其本身也成为一种有价值的物品。不过,不存在基于人头的实物交易,因为交易人头被认为是不吉利的。相反,一个人头相当于一个活生生的奴隶或俘虏,后者可以进行交易。一些物品具有"虚拟人头"的价值。龙纹罐——来自中国的绘有龙纹的大型青釉容器——价值为三颗人头。如果有人杀了人,需要给死者家属三颗人头,那么可以通过给家属一个龙纹罐来进行补偿。

现代货币

对我们大多数人来说,货币是以一种特定货币的单位计算的——美元、英镑、欧元、日元、人民币、里拉、第纳尔等。它们被称为法定货币,它们用于交换却没有内在价值,但为了经济运行,人们根据约定而赋予其价值。

我们习惯于硬币和纸币形式的法定货币,但法定货币也越来越多地采用虚拟形式。在现今的发达国家，人们不太可能用现金来支付账单，他们的工资也通常会以数字的形式被存入银行。而银行经常通过授权企业减少卡内余额，或设置直接借记或定期付款的方式，让债权人定期转账拿走一些余额。我们有时可能会提取一些现金——但对今天的大多数人来说，现金并不是货币的主要形式。

越来越多的人认为，货币已经脱离了真实的物质世界。现在，货币在很大程度上是一种理论存在；在经济体系中，存在的现金远没有"货币"多。

从商品货币到法币再到商品货币

中国早期的钱币上有孔，可以用线串起来保存。由于这些钱币的面值大于它们所使用的金属的内在价值，因此它们是法币的一个实例。

马来西亚部分地区的部落居民所获得的中国钱币，有时会被当作当地货币，但其价值与钱币的面值没有关系。相反，它们被用作装饰品，镶嵌在珠宝和头饰上。钱币又成为商品货币，这是基于它们有用的内在价值而实现的。

由于相当明显的原因，人们以电子记录的形式持有的货币被称为银行货币。

银行货币是用来在金融机构、政府、大型公司等之间转移资金的。如果你用借记卡向一家书店支付了20美元，在你的银行账户和书店的银行账户之间没有实际的货币流动。整个交易以及所有类似的交易，都是通过银行货币进行的。

银行挤兑

在电影《欢乐满人间》中，班克斯先生的小儿子麦克不愿意把钱存入银行。麦克要求拿回他的两便士（两个旧便士，或两美元），因为银行经理刚把他的钱夺走了。其他目睹这一幕的储户误解了情况，认为银行无法承兑一个年轻储户的两便士。随之而来的是银行"挤兑"，也就是每个储户都试图在同一时间把钱取走。简而言之，这就是导致银行挤兑的原因：太多的储户想马上取现，而银行无法立即全部兑付。挤兑一般始于储户对银行丧失信心，然后它就成了自证预言。事实上，无论何时，若所有储户都想从银行取走自己的所有的钱，

银行都将无法兑付。不管什么时候，通常只有少数储户想要取钱，其他储户都相信若有需要，必定能取到钱。如此一来，这个假象和银行系统便得以维持。

实际发生的银行挤兑是比较罕见的。1872年，加拿大的蒙特利尔储蓄银行发生挤兑事件；美国在20世纪30年代的大萧条期间也发生了银行挤兑事件；2007年英国的北岩银行、2008年冰岛最大的银行之一冰岛国民银行，以及2015年的希腊银行都发生了情况略有不同的银行挤兑。

一共有多少货币？

简单来说，只要大家相信，银行货币就会存在；如果我们不再相信，只想要现金，整个银行系统就会崩溃，因为银行货币并非真正存在（取决于你对"真正"的定义）。

> **资产和负债**
>
> 资产是任何可以被人拥有并产生价值（金钱）的东西。资产包括房屋、银行里的钱、某人的付款承诺，或制造东西的机器。
>
> 负债是资产的反面。负债是指需要以金钱或其他方式偿付的某种费用或义务。负债包括未偿还的房屋抵押贷款，或为某人购买礼物或免费讲课的承诺。
>
> 资产和负债总是对等的：你的抵押贷款负债相当于银行的资产，即银行拥有你的房子的价值的一部分。如果你欠银行20万美元（负债），银行就在该房屋中拥有价值20万美元的资产。

有多少货币和什么是"真正的"货币，存在不同的说法。美国最重要的两个货币供给量的衡量标准是M0

和M1。其他国家也采用类似的衡量标准，有时还增加了一些类别。

- M0是指银行储备金和银行、个人所持有的现金，即硬币和纸币的总存量。世界上大约有5万亿美元（3.25万亿英镑）的M0
- M1包括M0和容易转换为现金的资产（如24小时可存取账户中的银行存款）。M1大约为25万亿美元（16.25万亿英镑）
- M2包括M0和M1以及较长期的、流动性较差的资产，如在储蓄账户上的钱。它大约为60万亿美元（39万亿英镑）

第 2 章 我们如何制造物品?

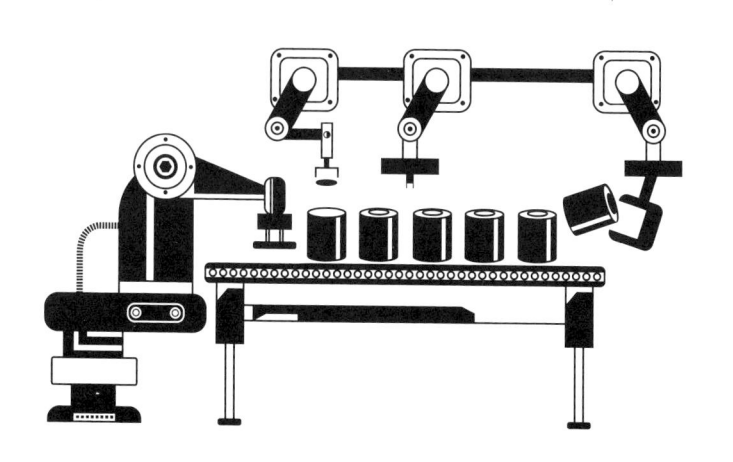

很久以前,还没有制成品。现在,几乎所有东西都以某种方式经过了加工。

我们的远古祖先在旷野中流浪，采集浆果和树根，猎杀那些行动缓慢所以容易被杀死的动物。在某个时刻，他们意识到，使用削尖的石头和树枝可以更容易地猎取动物，而用火加工制熟则能使它们更美味。投入时间打磨石头和制作长矛的人就是在做一个早期的经济决策：以时间和自己的劳动力为代价，使用免费的资源（石头和树枝），做了一个制成品。制作长矛的机会成本是本可以用来做其他事情的时间。

长矛的效用（长矛对个人的好处）大于制作长矛的石头、树枝和劳动力的效用，因为将来使用长矛能更容易地获取食物从而节省时间。因此，制造长矛的过程增加了价值：这就是制造业的本质特征。

商业的开端

一个善于制作长矛的人也可能会为群体的其他成员制作长矛，这么做也许是为了换取一些可以用于穿戴的皮毛或可以吃的食物。长矛同时有了使用价值和交换价值。

在这个早期创业的例子中，我们可以看出经济活动的一些基本要素：

- 原材料的使用：石头和树枝
- 劳动力的使用：制矛者的努力
- 制造制成品：长矛
- 资本表现形式：长矛
- 增加效用：长矛的功能
- 提供收入：肉和兽皮
- 商品交换：用长矛换兽皮或肉

生产要素

经济学家所讨论的生产要素，会出现在任何制成品的生产过程中。新古典主义经济学认为有三个生产要素：土地、资本和劳动。

土地不仅包括土地本身，还包括土地上面的东西以及从土地中可以获取的东西。这意味着，生长在土地上的树木和地下的石油等自然资源也算作土地。对于制矛者来说，树枝和石头都来自土地。

资本是一切可以用于生产商品以获得更多商品的东西。人们普遍认为，在生产更多物品的过程中，资本品

(capital goods)① 不会被用尽（尽管它们最终可能会被耗尽）。在现代世界，资本包括大型物品，如工厂厂房、机械和车辆（例如卡车和拖拉机），以及小型物品，如园丁的工具和艺术家的画笔。对于我们的早期祖先来说，制成的长矛本身就是资本，因为它被用来获取食物。

劳动是人们为制造东西而付出的努力。如果你为自己做东西，你自己付出的努力就是所涉及的劳动。当人们为雇主工作时，他们出售自己的劳动以换取工资（无论是月薪还是一次性付清的工资，经济学家皆称之为"工资"）。早期的制矛者使用的是他自己的劳动。

定义资本

传统的、狭义的关于资本的定义，即生产商品时不会被耗尽的物品，已经在较新进的经济思想中被淘汰了。无形的资本形式现在也被纳入资本的定义，例如为完成一项特定工作而培训出的个人技能，或公司通过与客户

---

① 资本品指作为实物投资对象的物品，包括机器设备、建筑物等固定资本以及存货。资本品在理论上是相对于非资本品（如原材料、燃料、消费品等）而言的。——编者注

和供应商打交道而建立起的商誉:

- 金融资本是指以金融资产形式存在的货币,包括银行账户中的钱、投资者借出的钱以及他人根据义务而要支付的金钱
- 自然资本是在环境中自然形成的,是使每个人都可由此获得财富的资产。例如树木、水和石油
- 人力资本涵盖了人的天赋、知识和社会互动中所有层面的价值。它包括以下几个子类别:社会资本,其特征是人与人之间具有价值的互动,如品牌忠诚度和商誉;教学资本,或称智力资本,即教学活动或知识的转移;个人资本,由个人已有的有价值的技能、能力和知识组成。它与劳动力密切相关,因此有些经济学理论并不区分这两者

具有开创性的苏格兰政治经济学家亚当·斯密(Adam Smith)区分了固定资本(生产中不会耗尽的物品,如生产工具和工厂)和流通资本(生产中会耗尽的物品,如原材料)。

整个国家的资本包括国内那些人人都能受益的商品,例如,公路和铁路等基础设施、电力和供水等便利

设施,以及公立学校和医院。

以人为中心:劳动力

新古典经济学并没有把提供劳动力的人作为经济领域的一个特别重要的部分。因为它将资本置于经济活动的核心。一般来说,工人被视为一种可以很容易被替换或更新的资源,可以由一个工作单位替换到另一个工作单位。

新古典经济学

新古典经济学是当前资本主义世界主流的经济思想学派。该学派把供给和需求以及个人对利润或效用最大化的欲望视为经济活动的核心。该学派广泛地使用数学和图表,并将其模型建立在人们总是理性行事的理念之上。这种假设受到了批评,因为人们的行为是对复杂的刺激和偏见的反应,并不总是(或甚至不经常是)完全理性的。有人指责新古典经济学会造成社会不平等和贫困,因为它提出只要假以时日,市场力量就会提供足够的工人权益等观点。其他的经济学研究路径往往被归入"异端经济学"这个总括术语之下。

德国政治哲学家卡尔·马克思（Karl Heinrich Marx），曾与弗里德里希·恩格斯（Friedrich Engels）共同撰写了《共产党宣言》，他更多地从劳动力的使用而不是资本使用的角度看待生产。他把生产要素定义为劳动力、劳动对象和劳动资料。劳动力，也就是从事劳动的个人。劳动对象是用来制造东西的物品（原材料）。在咖啡加工厂里，咖啡豆是劳动对象。劳动资料是用于开展工作的工具、建筑和机器（资本品）。在加工咖啡豆的过程中，使用的烘焙机和其他机器是劳动资料。马克思把劳动力的附加价值视为经济活动中商品和服务的价值核心，他认为所有商品都代表着"凝结的劳动"。

树枝、石头和管理者

为自己制作长矛的制矛者，只需要使用土地上免费可得的自然资源和自己的劳动。如果他收集了大量合适的树枝和石头来制作更多的长矛，根据亚当·斯密的定义，这些收集来的物料就代表了流通资本。

假设现在有个人看到制矛者非常擅长制作矛，但由于他还需要做其他事情，如采集和烹饪食物、取水以及保护孩子免受掠食者之害,所以每天只能投入很短的时间来制矛。这时一个有创业精神的中间人,或称"企业家",提出承担制矛者除制造长矛以外其他事情中的一项事情,如保护制矛者的孩子,以换取一部分制矛者额外生产的长矛。然后,"企业家"用一只长矛的报酬找人来保护孩子。

此时,"企业家"不需要完成任何任务,但通过充当制造商(制矛者)和服务提供者(儿童保护者)之间的中介,获得了长矛的利益。这就是现代经济学家所谓的企业家资本。一个组织的管理要做的就是"充分利用"组织的生产。

不劳而获?

虽然看起来企业家什么都没做,但他:

- 看到了机会
- 想到了利用机会的方法
- 找到可以一起合作的各方

> "一个人期望终能给自己带来收益的那部分股份,就称为他的资本。"
>
> ——亚当·斯密,《国富论》

多亏了长矛和长枪制造者，或许还有出售武器的企业家的努力，昔日的屠龙者们才可以完成大业并全身而退

- （我们希望）审查了儿童保护者
- 处理支付给儿童保护者的费用
- 监督从而确保儿童保护者能胜任工作
- 监督长矛的品质和生产速度

制矛者利用的是自然资本(树枝和石头),而企业家利用的是人力资本(制矛者和儿童保护者)。

企业家可以是一位代理人,从生产的长矛中抽取一定比例;也可以是一位雇主,为制矛者提供树枝和石头,并允许制矛者保留一定数量的长矛作为工资。在最后一种情况下,企业家已经成为资本家,即拥有生产资料并将其投入使用以赚取利润,并在此过程中支付酬劳给劳动者。

就我们所知,也许很久以前就有企业家,但人们普遍认为,与之相关的经济活动是随着西方社会采用更成熟的商业形式后才发展起来的。

第3章

供给和需求是如何发挥作用的?

在自由市场中,经济学遵循供求规律。

无论每个经济体的行为是成功还是失败，它们都是通过提供有需求的商品、服务和资源来运行的。因此，供给和需求是作用于经济的主要力量。

需求曲线

我们从日常经验中获知，商品的需求会随着价格上涨而下跌：一样东西越贵，我们往往买得越少。经济学家通过向下倾斜的需求曲线来表示人们想要的物品数量和其价格之间的关系（虽然称为曲线，但通常是一条直线）。

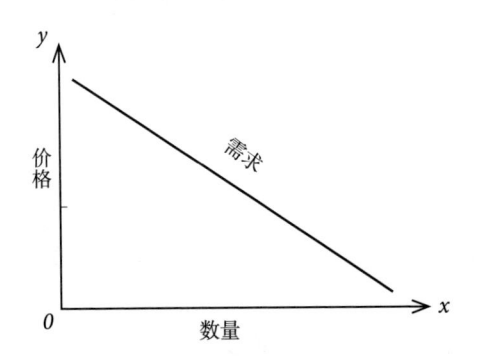

需求曲线适用于所有事物，而不仅仅是销售的商品。例如，它也适用于劳动力。当劳动力的价格——工资很高时，对工人的需求就很低；随着劳动力价格下降，需求就会增加。

供给曲线

还有一条方向相反的曲线,用来显示供给是如何随价格变化的。当一种商品只能以较低的价格卖出时,愿意供应的生产者就会减少,所以供给量就会下降;随着价格上升,会有更多的生产者愿意生产并出售该商品,于是供给量也会上升(见下图)。

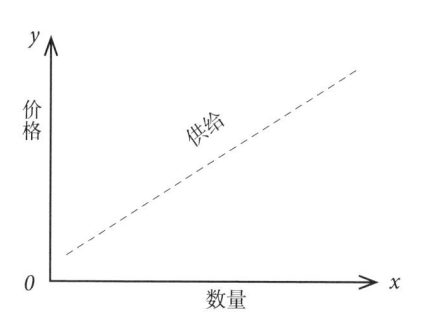

曲线移动

有些情况会导致需求或供给曲线向右或向左移动。如果人们有更多的钱(假设收入增加),需求曲线可能会向右移动,但形状保持不变。数量和价格之间的关系曲线也是如此,但在曲线的所有点上,销售的绝对数量会增加。其他因素的变化也会影响曲线，如炎热的夏天可能会使啤酒的需求曲线向右移动（见下图，由 D_1 变成 D_2），因为人们更想喝啤酒，所以会在同样的价格下购买更多；如果收入下降，曲线会因为需求下降向左移动。

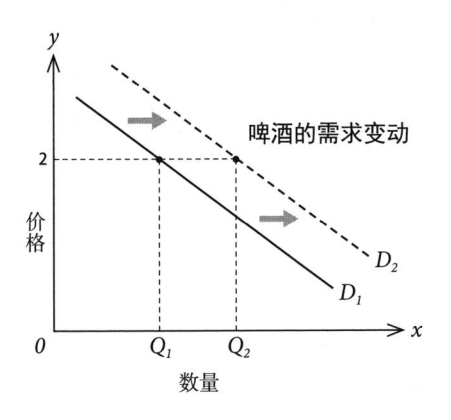

啤酒的需求变动

供给曲线（见第 27 页图）也会发生同样的情况。如果水果大丰收，随着价格沿曲线下降，水果供应曲线将向右移动。而供应的短缺将使曲线向左移动。

供求平衡

只要商品能以买家和卖家都满意的价格出售，供给和需求曲线就会在某一点上相交，市场就会存在。将供给和需求曲线绘制在同一坐标轴上（见下图），可以看出两者相交处的数量和价格，这就能确定该类商品的市场。所有可以买卖的事物，都能画出同样形状的X形图。

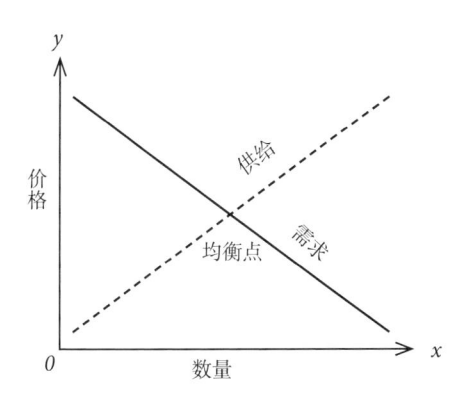

这两条线的相交点被称为均衡点，代表可能会售出多少商品以及它们可能的售出价格。

假设图中显示的是菠萝的供给和需求曲线。当菠萝的价格很高时，对它的需求就很低；随着价格的下降，需求就会增加。当价格低时，很少有生产商愿意供应菠萝，所以供给量很低。在供给和需求曲线的底部之间有一个很大的间隙——这代表了那些想以低价购买菠萝的人，但他们会因为没有足够的低价供给而感到失望。

随着价格上涨（沿 y 轴方向上移），更多的生产商会愿意供应菠萝，但想买的消费者变少了。在 y 轴的顶点，则是另一个大间隙。这代表了菠萝的供给过多，且在这个价格下卖不出去，因为没有足够多想买的人来购买生产者供应的所有菠萝。

均衡点

在均衡点上，有足够的菠萝可以满足需求，且价格是人们能够承受的，供应商也有能力生产这么多数量的菠萝。如果生产更多的菠萝，它们会卖不出去，因为在这个价格下供给将超过需求。下图中的阴影区域代表了如果生产数量增加到 Q 时无法售出的菠萝。

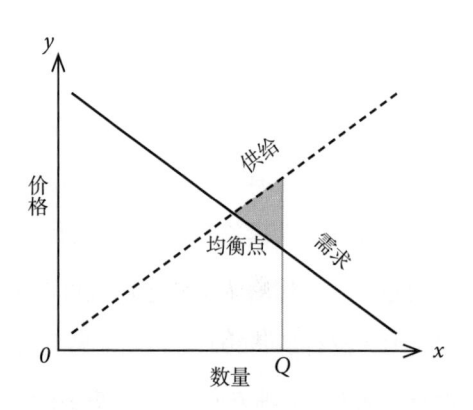

任何市场都会自然地往均衡点靠拢，除非被阻止或遇到人为改变（如通过政府对生产的补贴）。

均衡点也被称为市场清算点，因为在这点上，所有供应量应能全部售出，从而使市场清空，既没有失望的买家，也没有卖家为无法售出的货物所困扰。实际上，均衡点并不固定，供给、需求和价格的频繁变化都将导致其发生变化。

供给、需求和竞争

对稀缺资源的竞争会影响价格，并与供求曲线明显相关。如果可用的工人比工作机会多，工人的供给就会大于需求，就会出现对工作的竞争。这（理论上）将压低岗位工资。如果有大量的工作岗位而没有足够的工人，劳动力的供给过低，就会出现对工人的竞争，工资则会因雇主争相吸引工人而上涨。

如果人们想要的产品供给匮乏，如糖或汽油，其价格就会上涨，人们会争相购买，并愿意支付比平时更高的价格。如果一种产品的供给数量超过人们想要购买的数量，其价格就会下跌。这种关系也可以被用来操纵市场。如果政府希望更多的人借钱,他们就会降低利率。这个时候市场力量将发挥作用:供给和需求将自发进行调整,直到一切达到合适的水平。

进入市场和离开市场

一件商品的供应通常不会因为人们想购买的数量发生了变化就立刻改变。需求的变化通常会通过鼓励生产者离开或进入市场而导致供给的变化。有时这种情况可以迅速而容易地发生,但情况通常不是这样。

当菠萝的数量非常少时,就会出现供不应求的情况。这就会产生竞争,菠萝的价格从而上涨。就第30页的供给曲线而言,在均衡点左侧,数量少(x轴),价格高(y轴)。这对菠萝的供应商来说是好事,但对消费者来说就不是。这时,其他商人会进入市场,因为他们看到有机会通过供应菠萝满足消费需求来赚钱。此时供给增加了。但是,没有足够多的人愿意为买菠萝支付很高的价格,所以为了出售现在的剩余产品,价格必须降下来。

如果有很多新的供应商进入菠萝市场,就会出现供过于求的情况即图中均衡点右侧。现在的菠萝比人们想要的要多,所以为了销售菠萝,供应商必须大幅降价。如果价格太低,一些供应商将无力经营菠萝交易而离开市场。然后,供给减少,价格就能再次上涨,直到市场找到了一个新的均衡点。

移动的曲线

如果市场达到均衡点,而物品的价格发生变化,均衡点将沿着需求曲线移动。如果一个物品的价格上升,它售出的数量可能会减少;如果价格下降,它售出的数量可能将增加。

当外部环境对市场产生影响时就会发生这种情况。例如,如果菠萝的市场处于均衡状态,但后来一场飓风摧毁了大部分菠萝树,供给必然会下降,价格也会随之改变。

有些商品的供给和需求呈现季节性变化。夏季盛产树莓,所以树莓在夏季往往比较便宜。在冬季,本地树莓停产,必须依靠进口,因而供给较少,成本较高,因此价格也较高。愿意在冬季为树莓付更高的价格的人也较少,因此市场找到了新的供求平衡。

经济学与大众

从理论来看，很明显：如果想买菠萝的人太少，供给就会调整，直到生产出适当数量的菠萝，让其售出的价格使菠萝种植商有利可图。这忽略了人力成本："过剩"的果农被迫陷入贫困，可能走上焦虑、抑郁和绝望的道路，不知道是应该继续种植菠萝还是在现有的无利可图的土地上改种其他作物。果农们可能不是故意要在一个已经饱和的市场里选择种植菠萝。他们可能是在菠萝有需求的时候开始种植菠萝的，或者是在生产方式效率较低、市场尚未充斥菠萝的时候就开始的，还可能是因为政府为他们提供了种植菠萝的奖励。

此外，尽管有一个"劳动力"市场，但劳动是由人提供的，我们购买的所有商品和服务也都是由人生产的。

伦理经济学在应用中需要考虑到人和人数。在这一点上，经济学会变得具有政治意味。在一些生产领域，诸如"公平贸易"的倡议就是为了保护发展中国家的生产者不受强取豪夺的全球市场交易中最坏方面的影响。

亚当·斯密

亚当·斯密是苏格兰哲学和政治经济学的先驱。1776年,他所著的《国民财富的性质和原因的研究》(通常称为《国富论》)出版了,这是第一本现代经济学著作。书中提出了自由市场经济学的基础,并解释了"理性的利己主义"和竞争如何创造财富和经济繁荣。在对市场竞争的首次阐述中,他解释了竞争如何导致最有效的资源配置。如果一组原材料、工人和投资可以有几种不同的用法,竞争将确保最有利可图的用法占优。斯密以提出"看不见的手"在市场上发挥作用,通过个人的利己行为促进社会的利益而闻名:

"每个人……都只想获得自己的利益,在这种情况下,如同许多其他情况,会被一只无形的手引导着去促成一个不在他意图中的目标。"

没有那么简单

从理论上讲,市场会自然而然地往均衡价格靠拢;但实际上,其他因素往往会干预市场,而市场力量还不足以克服这些因素。因此,供求的最佳平衡未必(也许很少)能实现。

市场不是孤立存在的，人们也并不总是理性行事。发达国家的人们没有菠萝也能轻松过活；因为菠萝是种奢侈品，不是主食。有多少人购买菠萝会受到替代品市场的影响，比如说其他类型的水果的价格情况。如果其他水果都涨价，菠萝就会显得相对便宜，更多的人就会选择购买。但其他因素也会影响人们的选择，包括：

- 关于菠萝受到杀虫剂污染的健康恐慌
- 颇受欢迎的电视大厨在推广一道使用菠萝的菜谱
- 关注菠萝农场工人福祉的呼吁
- 新闻报道指出菠萝对健康有好处
- 吃菠萝很时髦的暗示

讽刺的是，当人们将被他人看到食用一种昂贵并因而"高档"的食物视为一种荣耀，并且极力想要获得这种荣耀时，即使菠萝价格上涨，需求量也会增加。

时间很重要

如果对一种产品的需求发生了变化，供给可能也会随之发生变化。但是，供应商需要知道，需求的变化是长期的趋势还是短期的流行。例如，如果某个冬天特别潮湿，对雨靴的需求可能会增加。然而，仅仅一个雨季并不足以吸引更多的制靴企业进入市场；因为建立一个新的制靴工厂需要比这更长的时间。已经在生产靴子的企业更有可能通过向现有员工支付加班费或招收临时工来提高产量。但如果降雨量的增加成为常态，这将吸引更多的制靴企业进入市场。因为雨靴销售的长期增长有保证，就意味着值得为这项业务建立新公司或工厂，而现有的生产商也值得扩大生产规模以满足新的需求。

低档商品

人们如果能够负担得起，一般就会倾向于购买品质相对不错的东西；如果负担不起，他们可能被迫购买品质较低的物品，就是所谓的低档商品，例如大街上折扣店里的廉价服装。低档商品的需求曲线并不遵循通常的模式，即随着收入增加而向右移动。当人们有能力购买质量更好的商品时，随着他们收入的增加，低档商品的市场需求量会减少（曲线向左移动）。

需求弹性

产品的价格变化对供给和需求的影响程度被称为"价格弹性"。如果一个产品的价格弹性高,其价格的任何变化都会导致需求的巨大变化,而供给的任何变化也会对价格产生巨大影响。

最有可能出现这种情况的就是那些容易有替代品的商品。例如,如果苹果汁涨价,许多人就会改喝其他果汁。对于这类商品而言,10%的价格上涨可能导致需求下降20%或更多。如果价格的百分比变化给需求带来更大的百分比变化,则认为需求具有价格弹性;如果需求的百分比变化更小,则认为需求缺乏弹性。

有些商品在短期内缺乏弹性,但长期来看有价格弹性。如果突然转换到另一种产品不切实际时,就会发生这种情况。例如,即使油价明天翻倍,消费者仍然需要把油箱加满。虽然他们可能会减少非必要的行程,但大多数人仍然会开车进行必要的旅行。因此,需求可能会下降,但不会很快就减半。如果这种油价翻倍的变化是长期的,它将慢慢地导致需求的永久性转变,因为人们会转而使用更经济的车辆或公共交通工具,汽车制造商将开发出更省油的汽车。因此,从长期来看,价格上涨会对需求产生更重要的影响。

许许多多的市场

一个经济体包括许多不同产品的不同市场。所有这些产品都遵循相同的供求规律且环环相扣。有时,这种联系是显而易见的:如果钢铁的供给减少,以钢铁制成的汽车的供给也将减少,汽车的价格将会上涨。有些联系则不太明显。如果对牛肉的需求增加,牛肉的价格就会上涨,供给就会增加,因为牛肉生产商试图利用增产来在需求增长了的市场上牟利。

同时,作为牛肉产量增加的副产品,更多的皮革将被生产出来。皮革的供给将增加,需求却没有相应地增加,因此其价格将下降。

劳动力市场

正如商品和服务有其市场一样,也存在着劳动力

（雇员提供的劳动）市场。如果有大量的工人可用，也许是因为失业率上升或廉价劳动力的涌入，工资就会降低。在高就业率时期，当劳动力稀缺时，雇主将不得不支付更高的工资来吸引工人。

需要再次说明的是，供求曲线是一种简化了的模型。一般来说，失业率可能很高，具有某种特定技能的工人却有可能很稀缺，比如受过训练的护士。失业者不可能在短期内接受再培训来填补空缺。目前，许多工业国家常见的情况就是，非技术或半技术工人供过于求，具有所需专业技能的工人却供不应求。

在某些行业，求职的人总是多于工作机会。例如，想成为足球运动员、演员、作家、歌手或艺术家的人从来不缺。许多想从事这些工作的人虽然也有必要的才能，社会上却没有足够多的工作机会。因此，这些行业的从业人员工资都很低，因为供过于求的劳动力市场意味着他们很容易被取代。

第4章

成本是否反映价值？

商品上的价格标签仅仅暗示了生产成本。

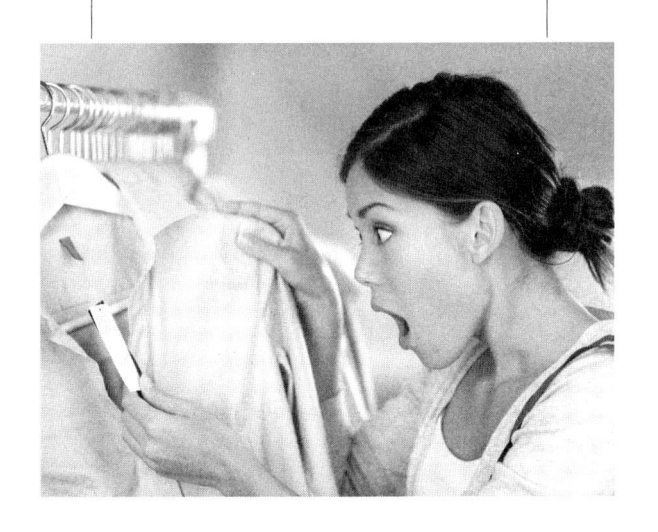

在日常生活中，商品和服务的价格一般由市场决定。一件物品的价值和成本有着复杂的关系，这反映在其价格上。

买家和卖家

如果你去可以讨价还价的街市，或者在拍卖网站买东西，那么你就已经习惯了商品价格不固定的概念。这取决于买家愿意支付的价格和卖家愿意接受的价格。一般来说，买家和卖家会分别会接受一定范围的价格；只要这些价格在某一点上重合（或相交），就可以达成交易。

0	1	2	3	4	5	6	7
愿意买	愿意买	愿意买	愿意买	愿意买			
			愿意卖	愿意卖	愿意卖	愿意卖	愿意卖

在这个例子中，买家和卖家可以在3—4.99美元间的价格进行交易。低于3美元，卖家不愿意卖；5美元或以上，买家不愿意买。物品的价值介于能卖出的最高价和最低价之间。经济学家对这些价值进行了区分。买家对商品或服务赋予的价值是他或她愿意为其支付的最

高价，代表其经济价值。在天平的另一端，市场价值源自卖方可以确定出售的最低价。

经济价值

衡量一件东西为买家提供的利益或效用的标准被称为经济价值。当然，这在不同的买家之间和不同的情况下是不同的，但平均水准往往决定了一件物品的价格。例如，假设一小瓶饮用水通常卖1美元。在夏季的音乐节上，瓶装水很容易卖到2美元一瓶，因为人们更容易口渴，通常又没有其他饮用水来源。但在寒冷的冬季，瓶装水可能根本卖不出去。

新古典经济学认为一件物品的经济价值是它在"完全竞争市场"中的价格，即等同于主流价格。

市场价值

市场价值通常低于经济价值，是指消费者可以为某物支付的最低价。而对卖家来说，市场价值是他们期待物品能卖出去的价格。他们有可能以低于他们期望的价格出售该物品,但以市场价值制造、销售和运输该物品时仍必须具有经济效益,否则他们就没有任何利润了。

没有黄油的面包

物品的价值和市场很少完全不受其他因素影响。例如,如果面包短缺,对黄油和其他调味品的需求(以及它们的市场价值)可能会在某种程度上下降。消费者的支付能力也取决于他们有多少钱。例如,房子的租金和抵押贷款是必须支付的费用。因此,如果这些费用增加了,人们能花在非必需品上的钱就少了,此时非必需品的市场需求和市场价值就可能下降。

替代品和互补品

有些商品的供给、需求和价格曲线是相互关联的。

替代品是那些可以替代另一种商品的商品:如果意大利面的价格上涨,或者供给受到限制,作为替代品的大米的销量可能会增加。

生产成本

对于供应商(如制造商或农民)来说,物品的价值可以用其生产成本来衡量。如果供应商想要事业成功,就必须至少收回生产成本。若要获利,销售所得就必须高于生产成本。

> ### 完全竞争市场
>
> 经济学家经常使用"完全竞争市场"的概念,意思是指竞争程度最高、没有扭曲因素的市场。完全竞争市场的定义如下:
>
> - 所有参与者对所有行情都有充分了解
> - 生产者和消费者会做出理性的决定,使其自身利益最大化(对消费者来说是效用,对生产者来说是利润)
> - 生产者和消费者可以随时自由进出市场
> - 所有的产出都完全相同并可以互换
> - 所有的投入单位(包括工人)都完全相同并可以互换
> - 市场上有许多公司
> - 没有一家公司可以影响市场价格或市场行情
> - 没有政府监管

- 没有外部成本或收益
- 企业长期来看只能获得正常利润

然而,这种情况是永远不可能的,因为真正的市场差异太大,太过复杂且变化多端。

互补品是指那些会和另一种商品同时被购买的商品,因此一个商品的供给、需求和价格曲线会影响其互补品的销售。

如果意大利面的供给下降,意大利面酱的销量也会下降,因为它们通常只与意大利面一起使用;反之亦然。如果电影票的价格下降,电影院门口的爆米花销量就会上升,因为人们会增加看电影的次数。

边际效益

一个物品的价值在你每次购买时都不同。你每多买一件某种类型的物品所得到的效用(满足感)的变化被称为其边际效益。如果你饿了,你会从吃一个三明治中获得很高的边际效益;但你吃第二个三明治得到的边际效益就会减少。此时,你可能甚至不会再想吃了。如果你不想吃却又被迫吃第三个,从这个额外的三明治里,你获得的就是负的边际效益。

生产成本是指原材料、用于制造商品的资本（土地、设备等）以及制造和销售商品的劳动成本（包括生产者自己的劳动），加起来的总成本。

假设有人以每周一匹的速度制作手工定制的摇摆木马。原材料（木材、油漆、清漆、皮革、金属零件）的成本为70美元。他每周支付100美元的车间租金。他的设备成本，按其使用寿命平均计算，每周为20美元。其他运营成本，如电费、广告费等，每周为30美元。他不雇用其他人，他自己的劳动估价为每周700美元。因此，他必须以至少920美元（70+100+20+30+700）每匹的价格出售摇摆木马，否则就会亏损。事实上，他把每匹摇摆木马的出售价格定为1100美元，即920美元的成本加上180美元的利润。

对消费者的价值

对消费者而言，价值是由他们希望从物品中获得的收益来决定的。这时就要考虑机会成本（他们为了购买该物品而放弃的东西）。在选择摇摆木马时，消费者要决定他们（或他们的孩子）是否能从手工制作的摇摆木马中获得足够的额外乐趣，以证明在其上花费1100美元，而不是从大街上的商店里购买100美元以下的工厂制造的摇摆木马是值得的。如果他们用100美元买了便宜的摇摆木马，他们就可以将1000美元用在其他事物上。

许多消费者买不起昂贵的摇摆木马，所以没有这个问题。有些人觉得手工制品之美值得多花钱，或者希望把它传给后代，抑或希望它能成为一种投资。少数人完全能够负担得起它，而不必担心成本问题。以这个价格购买的人便会将他们从摇摆木马上获得的效用价值定为1100美元。

资本折旧

损耗的资本品会折旧，其价值随着时间的推移而减少。制造商在考虑生产商品的成本时，必须将资本品的折旧考虑在内。即使资本品可以用很长时间，但购买、维修、保养和最终更换的成本必须包括在预测中。假设为一家工厂配备制造塑料梳子的机器需要100万美元。该工厂每年生产500万把梳子，机器可以使用20年才需要更换。机器的成本被分摊到它的使用寿命中，所以100万美元除以1亿把梳子（500万×20年），就是每把梳子1美分。在确定每把梳子的价格时，必须考虑到这一点，以及所有其他成本。

衡量效用

有些经济学家试图从纯粹的财务角度来衡量效用。在此体系下,拥有一件美丽物品的美学益处没有任何价值。因此,财务角度的估值显得很奇怪,往往与市场价值相去甚远。

假设一个主修生物学的学生花75美元买了一本生物教科书,但他决定不再学习生物学,所以从未使用该教科书。当他决定把这本书处理掉时,这本书已经被淘汰了,没有转售价值(0)。假设此时他把教科书捐给了一家慈善商店,商店把它以1美元的价格出售。一位青少年买了这本书,这本书激励她改变学习方向,攻读生物学,她因此在一生中多赚了5万美元。对她来说,这本书带来了5万美元的效用,所以非常有价值。那么,这本书的价值究竟是多少?是0,1美元,75美元,还是5万美元?

所有的工作

另一种计算价值的方法是由亚当·斯密首先提出,

并被卡尔·马克思采用。它根据生产物品的劳动来计算物品的价值，这被称为劳动价值理论（LTV）。它衡量生产商品或服务所涉及的所有劳动的价值，包括制造相关资本所需的劳动。例如，在计算吹风机的 LTV 时，必须包括建造相关的机器和工厂、设计电子设备、经营工厂食堂、用石油生产塑料等方面的劳动。LTV 是非主流经济学的一个特点。

使用价值和交换价值

马克思区分了使用价值和交换价值。使用价值衡量的是事物对我们的有用程度——它们带来多少效用或益处。

交换价值是与其他事物相比，我们为某件事物赋予的价值。通常情况下，我们认为交换价值是用金钱来衡量的：例如，我们可以用 10 美元买一本书，或在咖啡馆里买一份套餐。那么这本书和这份套餐具有相同的交换价值都是 10 美元。

泡沫

像大多数经济理论一样，使用价值和交换价值之间的平衡取决于人们在理想市场条件下的理性行为。但是，人们并不总是理性行事。在经济"泡沫"中，人们为商品支付虚高的价格，因为他们认为商品将会增值。当价格下降时，人们就只剩下毫无价值的物品。20世纪90年代的"互联网泡沫"见证了这种现象。由于互联网公司的股票飞涨，投资者看到别人在网上发财，于是不分青红皂白地买入股票，包括那些没有健全的商业计划和没有成功前景的企业。结果，这些企业的价值被严重高估，很快就破产了。

人们在价值方面采取非理性行为的最诡异和最灾难性的例子之一发生在17世纪。郁金香于1593年从土耳其被引入荷兰，随即大受欢迎。然后，在17世纪初，郁金香感染了一种病毒，导致花瓣上出现彩色斑点。受感染的郁金香被认为更吸引人，随着对郁金香的热捧，价格水涨船高。一个月内，郁金香的价格上涨了20倍。大众深信其价值会继续增加，哪怕是不从事郁金香交易的人也开始投资郁金香球茎交易。

在狂热的顶峰，投机者将毕生积蓄都投入郁金香项目，或卖了房子只为买一颗球茎。一颗球茎转手就是 5200 弗罗林（荷兰货币单位）。当市场跌至谷底时，投资者大受打击，有些甚至倾家荡产。这是世界上首次商品热潮与崩溃，但绝非最后一次。在所谓的"郁金香狂热"期间，郁金香的使用价值被忽视，交换价值却疯狂膨胀。

贪婪和恐惧的组合，就会点燃一波难以为继的交易热潮，这不过是因为商品的使用价值和交易价值的差异迅速变化的结果。

豆豆娃值多少钱？

泡沫现象可能被刻意利用。20 世纪 90 年代，许多人购买了"豆豆娃"——由一家名为 Ty 的公司生产的小毛绒玩具。成功的营销策略使得人们相信，豆豆娃会变得更有价值，所以是一种投资。Ty 公司做了许多不同的设计,但每一种都只在限定的时间内供应,然后"下架"并发布新款。如此一来,就创造了稀缺性,使玩具的交换价值增加。Ty确实也成功了,下架的"豆豆娃"以数百美元的价格转手。豆豆娃的交换价值被人为地操纵到高得离谱,而使用价值却非常低。至今有很多人都有一箱这样的玩具。豆豆娃的"价值"只存在于市场的泡沫中。

价值的其他衡量标准

> "所有事物的真正价格和代价,对想要获得它的人来说,是为了得到它所要付出的辛劳和需要解决的麻烦。对于已经获得它并想要卖掉它或想要用它换取其他事物的人来说,每件事物的真正价值是它可以为自己省去的并能加诸他人身上的辛劳和麻烦。这确实是除了那些不能通过人类工业增加的东西之外,所有事物的可交换价值的基础,这是政治经济学中最重要的一个理论。"
>
> ——亚当·斯密,《国富论》

我们一直专注于用货币或交换价值来衡量商品的价值,部分原因是没有其他公认的衡量标准。有些经济学家试图用名义上的、被称为"尤特尔"(utils)的人造单位来衡量效用价值,但效果并不理想。我们可以说一把椅子值40尤特尔，一辆汽车值5 000尤特尔，但这种比较是相当随意的。如果你只需要一辆车，那么此时椅子对你来说根本没有使用价值，反之亦然。

另一种在某些情况下可以用来衡量价值的方法是时间。我们每个人拥有的时间都是有限的，无论一天中的时间和一生中的时间都是如此。无论我们是把时间花在一项活动上，或只是用来等待，它都是时间成本。例如，你是否愿意多花点钱把东西用快递寄回家，而非亲自去商店购买？你是否乐意花时间排队，仅仅为了买打折商品？反过来说，你是否会因为自己更重视时间而非驱车到远处购物所省下的钱，而选择以较高的价格在本地购买一件物品。

诚如我们所见，稀缺性可以产生价值，甚至能被操纵，使内在或使用价值低、又没有什么持久交换价值的东西显得有价值。一件艺术品似乎是一项安全的投资。已故伟大艺术家的作品肯定会永久保值，因为这些作品短缺，而且通常每件都是独一无二的。但是，艺术的风潮和大众的品位总是在改变，一个已经过气的艺术家的作品可能会跌价，即使画作本身没有什么变化。

第5章

如何分辨一个国家是富裕还是贫穷？

你生活在一个富裕的国家吗？衡量国家间的相对财富是一个棘手且微妙的过程。

如果有人问你有多少钱，你可能会想到你口袋里的现金或存入银行账户的总金额。或许还会加上其他财产的价值，至少是大件的所有物，如你的房子和汽车。如果你拥有股票和股份，这些也是你财富的一部分。另一种思考财富的方式是以收入为标准。同理，当提到富裕的国家时，我们可能考虑到该国的储备（其货币、黄金和其他资产的存量）和收入。一般来说，收入是更为重要的。

国家财富

就国家而言，财富和收入之间存在着强相关性。经济学家认为，财富是产生收入的资产储备。总的来说，国家比个人更不可能让有价值的资产闲置；他们可能会把它们用于创造收入。因此，通常借由估计国家的收入水平来比较国家的财富是合理的。

一个国家的收入通常以国内生产总值（GDP）表示。这是用来衡量一个国家所生产的一切东西的价值的一个标准。它从商品和服务的最终价值出发来计算，所以包括了对开销所征的税，如增值税（VAT）。

> **有形资产和无形资产**
>
> 资产是任何有价值的东西。资产可能是有形的,如建筑物和金钱,也可能是无形的,如一首乐曲的版权或从一块土地上开采石油的权利。有形资产是实物,而无形资产不是实物。

计算GDP

GDP的数字是政府根据收集的数百万份纳税申报单和其他文件计算出来的。它们从来不是完全准确的;有些人在申报时出错,有些人则没有如实填写(或根本没有申报)。

也有一些类型的"产品"是没有被买卖的。例如,在英国,医疗保健是由政府资助的——除了支付从药房购买处方药的费用外,病人不需要支付任何费用。甚至只有10%的处方需要支付这一费用。对于英国国民来说,药品、外科手术和医院护理是"免费使用"的。这意味着国家医疗服务体系(NHS)的大部分产出不会出现在GDP中,除非有另一种核算方式。解决办法是将政府提供医疗服务的成本作为NHS的收入（产生的服务价值）纳入GDP。

改善怎么变成恶化了？

用成本来核算生产力所产生的一个奇怪现象是，如果一项服务变得更有效率，成本更低，会显示生产变少了。假设护士承担了一些以前由医生完成的工作。护士的工资比医生低，所以尽管接受治疗的病人数量相同，但提供治疗的成本下降了。在这种计算方式下，效率的提高（一件好事）看起来却像是生产力的下降（一件坏事）。

缺了什么？

GDP只包括已申报的商品和服务。这意味着地下（或"黑色"）经济在GDP中不会出现，GDP也不包括没有金钱易手的商品和服务。

地下经济指的是通过未申报的现金交易来避税的非正式交易。如果一个住户支付现金让园丁来修剪草坪，或让泥瓦匠来砌墙，可能没有正式文件来记录工作或付款情况。收取现金酬劳的自营业者可能选择只向税务机关申报部分（甚至不申报）收入。如此一来，他们可以逃税。当然，这种做法是非法的，而且难以监测。电子银行转账和支票支付会留下税务机关可以找得到的痕迹，但现金则不会。还有其他不申报收入的理由。有人可能希望继续领取社会福利，如果申请者的真实收入被相关部门知道的话，这些福利将被取消（也是非法的）。或者收入可能来自非法活动，如毒品交易，由于申请者担心被起诉而不想申报。

自给自足

并非所有在 GDP 中缺失的商品和服务都是非法的或欺诈性的。许多工作没有产生可核算的收入，但确实产生了价值。任何从事 DIY 家庭整修项目或自己种植的水果和蔬菜的人都生产了有价值的产品，否则他们可能会需要花钱购买。儿童保育、照顾年长的亲属和做家务是家庭中经常被看作免费提供的服务。在世界的一些地方，人们从事自给自足的农业，所以他们种植的食物只供自己的家庭食用，而不是出售给公众。这些价值虽然没有出现在国家的 GDP 中,却是一个重要的价值来源。

GDP 的用处

经济学家用 GDP 来衡量一个国家的生活水平。借由比较当前和往年的 GDP,他们可以了解生活水平是如何改善或恶化的。通过比较不同国家的 GDP,经济学家可以按照繁荣程度和生活水平对它们进行排名。

比较长期 GDP

如果一个国家的 GDP 随着时间的推移而增加,这表明该国的生活水平在改善。然而,必须考虑到通货膨胀。通货膨胀是指整体物价随着时间的推移而持续上升。这意味着,在通货膨胀期间,同样金额的钱可以换取的商品和服务变少了。如果一个国家的 GDP 在 5 年内从 2 000 亿美元上升到 2 100 亿美元(上升 5%),但在此期间物价上升 10%,事实上人民的生活水平就是在下降,因为 2 100 亿美元所代表的商品和服务比原来的 2 000 亿美元所代表的商品和服务少了。为了避免通货膨胀使结果发生偏差，经济学家区分了名义 GDP 和实际 GDP。名义 GDP 是计算出来的数字，没有考虑到物价因素。实际 GDP 则是将零售物价指数纳入考虑，进行修正，所以用于做比较时更有用。

另一个没有被 GDP 体现的因素是人口规模。如果一个国家的 GDP 在一个时期内增长了 5%，但人口增长了 10%，那么平均生活水平就会下降，因为每个人在 GDP 中的占比会减少。我们可以通过计算和比较人均 GDP（即 GDP 除以人口）来考虑这个问题。

还是有问题

有些问题是计算人均 GDP 所不能解决的。就像效率的提高看起来像是生产力的下降一样，如果产品或服务质量的提高不需要额外的成本，那么情况也是如此。在过去几十年里，电子产品的真正成本已经下降，而电子产品的速度、质量和存储能力却增加了许多倍。在 2015 年的 GDP 中，售价 500 美元的电脑的价值低于 1990 年售价 1 000 美元的电脑。但 2015 年的电脑要比早期电脑的功能强大得多。另外，稀缺性也能提高价格。如果石油价格翻倍，而其消费下降了四分之一，那么在石油上的支出仍然会增加；这虽然意味着GDP增加，但生产力和生活水平是在下降。

GDP的上升通常意味着生活水平的提高，但事实并非总是如此。公共支出的增加也会被纳入GDP，但实际上，有些支出可能意味着生活水平的下降。在战时，国防开支非常高。这在国家的账目中显示为GDP的增长，但人们的生活水平可能比和平时期要低得多。同样，内乱或高犯罪率可能会导致警务支出的增加，虽然也会推高GDP，然而，饱受动乱、犯罪和炸弹轰炸之苦的民众，实际上生活水平却下降了。

如果一个国家存在严重的贫富差距，即使GDP非常高，也未必能反映多数民众的生活水平良好。GDP的上升可能是由于少数富人阶层的更多奢侈消费，而大多数人的生活水平却在下降。

挥霍

如果你拿出所有的积蓄，购置新的家具和衣服，在高档的餐馆吃饭，去国外度假，虽然你现在会享受高标准的生活，但未来会很暗淡，除非你能把钱赚回来。对国家来说也是如此，它们需要平衡投资和消费。如果一个国家在短期内花光了所有的钱，而不是进行投资，GDP 虽然会立即上升，但以后肯定会逐渐降低。

有些国家，政府的任期是有限的，所以需要吸引选民。"先花钱后付款"的诱惑可能相当大，但这意味着支出计划的财政后果可能要到下届政府执政时才能感受到。

我的人口比你多

GDP 经常被用来比较两个或更多国家之间的生活水平或财富。在计算人均 GDP 时，还必须考虑到人口因素。否则，如果我们只计算 GDP 总量，一个人口少而富裕的国家可能看起来远不如一个人口多而贫穷的国家。

用哪种货币？

比较国家经济的一个难点是选择使用哪种货币。如果英国的 GDP 以英镑（£）表示，欧元区国家的 GDP 以欧元（€）表示，而美国的 GDP 以美元（$）表示，那么它们如何进行比较？由于汇率是波动的，如果一种货币在进行比较的那一天特别强势（或弱势），可能就会歪曲各国的相对财富情况。

变化的 GDP

一个简单的方程式可以让经济学家计算出在给定的变化率下，GDP 翻倍或减半需要多长时间。

如果增长率为 g%，GDP 翻倍需要 $70/g$ 年。

如果增长率为 3.5%，GDP 翻倍需要 70÷3.5=20 年。

如果变化率为 2%，GDP 翻倍需要 70÷2=35 年。

与大众印象相反，计算 GDP 经常使用的是国际元（Int$），也被称为吉尔里-哈米斯元，以提出和发展这一概念的经济学家罗伊·吉尔里和萨勒姆·汉纳·哈米斯的姓氏命名。国际元在某一特定时刻（通常是 1999 年或 2000 年）的购买力与美元相当。

以下是 2014 年一些国家的人均 GDP 数据及排名。

国　　家	人均GDP/国际元	排名
卡塔尔	143 427	1
卢森堡公国	92 049	2
挪威	66 937	6
美国	54 597	10
澳大利亚	46 433	15
德国	45 888	18
加拿大	44 843	20
法国	40 375	24
英国	39 511	27
日本	37 390	28
新西兰	35 152	31
俄罗斯	24 805	49
墨西哥	17 881	66
南非	13 046	87
印度	5 855	125
孟加拉国	3 373	142
尼日尔	1 048	182
中非共和国	607	187

资料来源：国际货币基金组织

2015年4月,世界人均GDP为15 147国际元。

自给自足造成的混乱

文化形态对GDP的影响使得进行有意义的比较变得困难。在比较不同国家的GDP时,家庭内部生产的商品(例如:种植蔬菜、育儿)尤其会造成混乱。

如果我们研究一下一些经济体的人均GDP的话,就会发现它们应该是不可持续的。如果每人每年的生产值是607国际元(每天不到2国际元),那么中非共和国的国民如何能够生存?但在中非共和国,许多人为自己生产食物和其他物品。这些数字并没有显示在正规经济统计中,因此也不会出现在GDP中。

如果一个农民养殖的母鸡孵出小鸡,并为了得到鸡肉和鸡蛋养了更多的鸡,她要么选择自己吃掉它们,要么选择用它们与邻居交换其他商品,这种生产力在国际金融市场上不被承认。然而,一个美国人花在鸡蛋和鸡肉上的钱以及非洲农民交换得来的其他物品,可能都相当于几百美元的GDP。这可能比中非共和国的整个人均GDP还要多。

即使你种了很多蔬菜，建了自己的房子，养了鸡，以中非共和国居民的平均收入在美国也很难生存。这是因为美国的物价要高得多，而且人们有更多的必要开支，如取暖、照明和交通。不同国家物品的相对成本通过使用购买力平价来进行比较。

购买力平价

购买力平价是比较两种不同国家货币的购买力（每单位货币能买到什么）的一种方式。它的计算方法是将两种相同物品的价格与货币的官方汇率进行比较。例如，如果人民币对欧元的汇率为7∶1，那么为了使两种货币具有同等的购买力，在西班牙价格为1欧元的物品在中国应该是7元。如果该物品的价格为4元，那么在中国就可以用同样的钱买到更多该物品，所以人民币的购买力将高于欧元。

购买所需物品

个人需要支付的物品也因自然或社会环境而异。北欧人要为取暖燃料支付大量费用；但在尼日尔，由于气候更加温暖，取暖燃料的支出是没有必要的。在美国，大多数人上班都要付交通费；但在一些较贫穷的经济体中，大多数人只是步行去上班。在美国，大多数人通过医疗保险支付医疗费用；但在英国，医疗费用是由中央政府提供的，并通过税收支付。所有这些差异都会影响生活水平和国家之间的比较。如果你不需要买那么多东西，你就不需要赚那么多钱。

第 6 章

我们是如何走到这一步的?

现代经济体系的发展经历了一个漫长的时期。其间,它们随着社会的变迁而不断做出调整。

几乎可以肯定,你是在一个经济发达、至少有一些市场经济元素的国家阅读这本书。市场经济是一种经济体系,建立在经营企业以赚取利润的原则之上。它是当今世界上占主导地位的经济体系。

资本主义市场

资本主义假定有3个市场:劳动力(为钱而工作的人)市场,商品和服务市场(你可以买到的东西),以及金融市场(购买和销售与金钱有关的无形产品)。看起来我们只需要前两个就能应付得不错。很少有人需要赚取利润,他们只需要赚足够的钱来购买他们需要的东西,以便在相对舒适的环境中生存。

这种类型的系统过去就存在,至今依然存在于世界的一些角落。系统中的每个人都在生产东西,他出售或用来交换他们需要的其他东西。在此之前,每个人都种植或制造他们需要的所有东西。这被称为自给自足的生活,一般采取自给自足的农业形式,即每个家庭消耗的食物和材料都是自己生产的(这种类型的经济被称为自给自足)。要想实现自给自足,我们每个人都需要一些必备的条件,比如说,几只鸡,一头牛的部分所有权,一些用来种植小麦和蔬菜的土地,以及制作家具的木材和基本工具。

经济学的入门套件

如果你想建立一个经济体,你需要给人们不同的任务,从而为增长提供潜力。而增长意味着,或应该意味着,每个人都会得到更好的生活方式。

很久以前,劳动的专业化是非常合理的。一个人非常擅长制作羊毛披肩,而他所用的羊毛则是由另一个人所养的羊出产的。还有人种了很多蔬菜。比起每个人辛苦供给自己的全部所需,同时做着自己不是很擅长和非常擅长的工作,大家一起合作所形成的社会的产出更多。在这一点上,货币变得有用了,基于代币的经济比基于以物易物的经济更容易管理。

如果一切顺利,这个社会就会有剩余的货物,可以与其他社会进行贸易。当人们到更远的地方旅行时,他们就会发现新的市场和新的产品。当欧洲人抵达南美洲时,他们发现了烟草、巧克力、土豆和西红柿,并将其引入欧洲,成为国际贸易的品类。而北美印第安人发现他们可以用一块无用的土地,如曼哈顿岛,换取一把漂亮闪亮的珠子(这些珠子在欧洲的价值并不高)。

发展经济

但像这样简单的商品交换经济不可能取得很大进展,这意味着社会本身也不可能取得多大进展。当每个人都在制造或种植用于直接销售或消费的东西时,就没有能力进行研究和开发。如此,谁会有时间来设计蒸汽机?谁会有资金来建设铁路网?在现在的发展中经济体当中,有许多小规模的企业家和个体经营者,但他们没有资本就无法发展他们的业务。

资本主义促进了更大规模、更长期的项目的产生。研究和开发,以及制造业或服务业企业的扩张,都需要进行投资。这意味着在短期内经济效益会较低,而开发产品或进行研究,是为了经济效益的长期增长。除非有人能存下企业投资项目所需的钱,否则企业就必须借钱。除非能从中获益,否则为什么会有人愿意借钱给他们(如果出了问题,借款人可能会亏损)?于是就形成了一个系统，投资者把钱借给企业，期望能获得更多的回报；为了偿还投资者的钱，企业必须盈利。

重复作业：劳动分工

因此，我们有3个市场：劳动力市场、商品和服务市场以及金融市场。提高生产效率的方法之一是劳动分工。一个人执行复杂的、多阶段的作业，其生产力远不如一群人各自承担部分作业并重复做同样的部分。这种情况只能发生在有人能总揽全局，并决定通过将工作分解成更高效的单元来提高生产力的时候。

然后，这个过程需要被组织起来，以便产品的零件能够高效地被传递下去：如果一个人只花了一分钟就完成了一项作业，却需要等待另一个人花5分钟完成作业，这就是低效的。如果分工必定是不平均的，就需要在慢速作业上雇用比快速作业上更多的人，以改善生产流程。

一旦作业被分解成互无关联的单元，通常就比较容易机械化。许多涉及简单作业的工厂工作，如组装或焊接部件，已经为机器所取代了。

> **针线钱**
>
> 经济学家亚当·斯密用制造缝衣针的例子来说明劳动分工如何能使企业盈利。劳动分工远远不只是不同工匠之间种植、加工和编织羊毛工作的分离，斯密提出，一个简单的工序，如用钢丝制作缝衣针可以分成多个阶段，每个阶段由不同的工人来完成。他声称，一个工人从头到尾负责缝衣针的整个工序，一天可以做完20根；而10个工人每个人专门做一到两个阶段，每天可以做48 000根。1832年，针厂每个工人每天生产8 000根缝衣针（几乎是1776年的两倍），而在1980年，随着机械化程度的提高，每个工人每天可生产80万根缝衣针。

从封建制度到商人

中世纪欧洲的经济体系被称为封建主义。农奴或农民，即社会中最贫穷的人，在当地领主（因此有了"地主"这个词）拥有的土地上工作。作为劳动的交换，农奴得到了某些微薄的利益，如食物、住所和免受其他领主欺凌的保护。当时既没有竞争，也没有自由市场，农奴几乎没有选择为谁工作的权利。财富由领主掌握，主要是通过世代继承而来的（或是在战争中夺取来的）。不管农奴多么努力地工作，他们也无法得到财富。这种状态几乎说不上公平。

到了文艺复兴时代，随着银行的出现（首先是在意大利）和国际贸易的增长，封建主义已经让位于商业形态的经济。个人有了更多的自由，他们不再是农奴，（至少在理论上）在工作地点、工资和工作类型上有更多的选择。商人统治着这个系统，他们的大部分钱是通过货物交易来赚取的，即在一个市场上廉价购入，在另一个市场上以高于购入价格的价格卖出获利。重商主义鼓励最小限度的进口和最大限度的出口，目的是从其他国家获取金银。这个想法基于世界经济总额固定的原则，一个国家只能通过牺牲另一个国家的利益来获得金钱。为了保护本国市场，政府实行了进口管制，对本国生产的商品进行补贴，并征收贸易保护主义关税（对进口商品征收关税以保护本国市场）。现代经济体有时也会采取这种策略，美国和日本都以这种方式限制进口。

> **黑死病：封建制度之死？**
>
> 有些经济史学家声称，封建主义被黑死病终结了。黑死病是一种大流行病，14世纪中期在欧洲和亚洲造成多达三分之一人口的死亡。它杀死了如此多的劳工，以至于大片的土地荒废，庄稼在田里腐烂。等到黑死病一过，幸存的劳动者就能要求以更好的条件来换取他们的工作。遵循供求法则，劳动力的供给下降，而需求却很高，所以那些仍然在劳动力市场上的人可以获得更好的条件。这些条件包括行动的自由，选择雇主的自由，以及更好的报酬。

人人都能更富有

从18世纪开始，大卫·休谟（David Hume）和亚当·斯密等经济理论家都质疑世界总财富固定的观点，19世纪的英国放弃了其关税贸易保护主义制度。

工业革命带来了真正的资本主义，即典型的"把工人的脸埋进土里"（几乎是字面意思）的资本主义工厂主。早年，由于政府没有立法来保护工人，对工人的虐待行为非常猖獗。有些西方国家雇用童工，对于处在社会底层的

> "（防止贫困需要）开放且平衡的贸易；重视制造商；禁止游手好闲；通过禁奢法令抑制过度浪费；土壤的改良和管理；（以及）调节物价。"
>
> 弗朗西斯·培根（Francis Bacon），《论谋叛与变乱》

19世纪初，工业化导致了童工的增加。许多儿童从10岁开始，就受雇于工厂和煤矿，从事肮脏危险的工作

人来说，这绝对不是一个美好的时期。威廉·布莱克（William Blake）在他的《先人的脚步》一诗中提到的英国"黑暗的撒旦磨坊"就属于这个时期。19世纪末，政府才开始立法，给弱势群体提供更多保护。

如何才能更富有？

我们无法想象每个人都变富有，却没人变穷，但如果生产力提高，这就可能实现。通过采用更有效的生产系统，我们可以用同样的投入生产更多的产品，这就创造了繁荣。这甚至在个人层面上也适用。如果你有5美元，买一条鱼来煮，你就只有一餐。如果你花5美元买一根鱼竿，你可能会钓到很多鱼当晚餐。同样，你可以花5美元买一袋苹果，或花5美元买一棵苹果树苗，这也许会使你有多年的苹果收成。

第 7 章

现在全世界都是市场经济了吗?

一个国家很少有机会从头开始设计经济制度。

当美国制定宪法时,它从欧洲借鉴了许多关于治国和经济学的理念,它们被这个新国家奉为神圣的理念,而自由市场经济正是其中之一。

自由市场和计划经济

自由市场经济以我们目前看到的方式运作:个人和公司将其拥有的资本与劳动力、土地和资源结合起来,生产出商品和服务。这些商品和服务在公开市场上以人们能够索要的任何价格出售,同时遵循供需原则。市场按人们买卖的意愿,决定生产什么,为谁生产,以及如何生产。

自由市场经济的对立面是计划经济。在这种经济中,政府或国家拥有资本,并决定生产什么,如何生产,以什么价格出售,以及出售给谁。

自由市场经济和计划经济的主要区别在于生产资料的所有权不同。在自由市场经济中,生产资料由个人和公司持有(这些公司本身由个人全部或多人通过股份持有)。在计划经济中,政府代表民众拥有生产资料。

一切都公平——或不公平

在理想世界里，良性运作的计划经济应该能产生一个公平公正的状态。然而，在现实世界中，却不曾有过这种情况。新兴统治阶级的腐败和利己主义使财富集中于他们手中，最底层的工人遭受物资短缺之苦，对他们能买什么、如何利用时间以及如何生活几乎毫无选择。

当政府控制生产，而且生产者之间没有竞争时，就没有生产者有动力去提供多样的商品。事实上，生产多样的商品在经济上是愚蠢的，因为这种行为事倍功半，会降低生产效率。当你可以经营一个稍大的只生产一种车型的工厂时，为什么要经营两个工厂生产不同的车型呢？如果没有积极销售汽车来获利的私营业主，就没有动力去改进单一车型来吸引更多客户。

缺乏竞争会导致产品低质和千篇一律。"二战"后东欧的计划经济导致的就是这种情况。当人们看到西方市场上商品的多样性和高品质时，对自己本国的计划经济所能提供的商品越来越不满意。

从正面来看，计划经济可以（如果运行得当）使所有人都能获得高质量的医疗和教育。例如，苏联发现在体育和音乐方面有天赋的儿童后，便会免费为他们提供集中辅导，有些人获得了一些重大成就。同时，缺乏选择也是其弊端——我们不知道有多少入选的孩子在接受辅导后被抛弃，或者在他们不愿接受辅导的时候被强迫辅导。

人人都一样

计划经济几乎没有施展个性的空间。一个人即使有聪明的想法、才能或创业精神，也不能把它用于增加个人财富，而只能用于造福整个社会。但这不一定是一件坏事，不同的社会有不同的方式来评价和理解个人与社会之间的联系。苏联的科学家和艺术家取得了与自由市场经济中的同行一样的伟大成就，但即使在这种情况下，也有竞争（这次是与西方竞争）激励了他们。然而，总体而言，20世纪苏联实行计划经济的结果表明，如果没有个人利益或被认可的诱惑，经济活动的某些方面就会落后，因为人们缺乏改进的动力。

隔岸的风景

另一方面,自由市场经济也有自己的问题。生产资料很容易集中在少数人手中,这些人成为精英,积极保护自己的地位和财产。市场决定生产什么和销售什么,以什么价格销售,以及卖给谁。市场还决定了谁能从生产中获益。由于消费者可以在种类繁多的商品中自由选择,他们决定了商家出售的商品:他们不会购买他们不想要的东西,也不会以他们负担不起的价格购买商品。在理论上,供应商之间的竞争将推动价格下降到一个均衡点,同时确保消费者有足够多的选择。而实际上,根本达不到这个理想状态。

就基本商品而言,例如住房、食品、供暖和水,无论人们喜欢与否,都要被迫支付市场规定的价格。例如,在一些能源市场上,几乎没有竞争。只有一个供应商的市场被称为垄断市场。例如,在一个自来水和污水处理系统已经建成并为私人所有的国家,一个新的自来水公司不可能进入市场。要想进入市场,新公司需要与原本提供基础设施的公司达成协议。

混合经济

如今的大多数经济体都是混合经济。混合经济既有奢侈品的自由市场；同时，还有公共资金被用来支付一些为了造福所有人而生产的基本商品和服务。这些服务可能包括以下任何一项或全部：提供生活设施，如自来水、电和燃气；医疗保健服务，包括医院、家庭医生和牙医；以及交通，如铁路、公交网络和国内航空。

有些商品和服务必须由国家提供，例如道路、警察和军队，即使在自由市场经济中也是如此。正因为不可能将一些人排除在警察或军队的保护之外，所以这是人人都可以得到的保护，无论他们是否为其支付过费用。

混合经济中自由市场的程度各不相同。医疗保健和教育，是可以免费向所有公民提供服务的例子，或者也可以对公民收费。在一些国家，有公立也有私立，人们可以选择使用免费的公共服务，或者付费使用可能（或可能并非）更好的私人服务。与英国相比，美国的医疗

> ### 垄断和寡头
>
> 垄断市场与竞争市场情况相反。在垄断市场中,只有一个供应商或生产商,而且存在进入壁垒,阻止其他人创业。这些壁垒可能是财务、法律或实体方面的。例如,沙特政府控制了在沙特开采和销售石油的权利,所以其他公司无法进入石油市场。当少数供应商或生产商控制一个市场时,就会出现寡头垄断。寡头垄断有效地控制了价格,如果一个供应商降价,其他供应商也会跟着降价,以避免失去他们的那部分客户(市场份额)。

保健更自由市场化,那些有能力的人支付私人医疗保险,而那些没有能力的人则依赖国家提供的公共医疗。在英国,国家医疗服务体系承诺向所有公民提供高质量的医疗服务,并且完全通过税收支付。但英国也有私人医疗服务,有时会被那些想要并有能力负担国家系统以外选项的人选择。

我们可以通过观察政府支出占 GDP 的比例来衡量一个市场的混合或自由程度。总体而言,英国比其他一些欧盟国家更偏向自由市场。第 86 页图显示,截至

2012年,德国和英国比美国更偏向混合市场。美国是世界上最大的自由市场经济体,其社会福利和公共供给水平低,社会不平等程度高。北欧国家将较高比例的国家收入用于公共物品,并提供诸如免费托儿所等福利和较高水平的环境保护。北欧人的平均生活水平高于其他地区,社会不平等程度也更低。所有这些供应都是由更高的税收来支付的,这也使得消费者花钱的选择更少,因为他们剩下能花的钱更少。

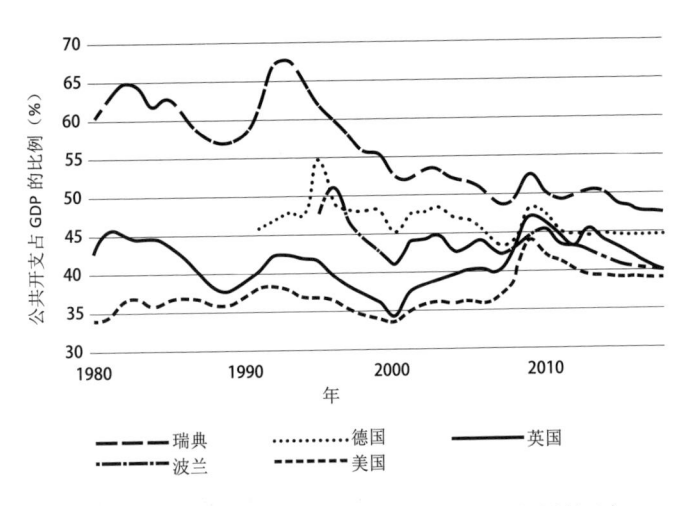

1980—2018年间选定国家的公共开支占GDP的比例(%)

波兰最早的数据来自1995年;2012年起的数据是基于IMF的预测。
资料来源:根据IMF数据自行研究得出。

资本主义的特色

正如我们所看到的,资本主义并不全是一种样子。自由放任的资本主义或自由的资本主义认为应尽可能多地让市场力量发挥作用,尽量减少法律或政府干预。在英国,这种方法曾受到维多利亚时代工业家的青睐,并且导致了极端贫困和社会不平等。如今,在许多发展中国家依旧可见,其导致了血汗工厂、童工和奴隶,以及恶劣的工作环境。

英国经济学家约翰·梅纳德·凯恩斯(John Maynard Keynes)主张政府对市场进行一定程度的干预,即使是在自由市场社会也要如此,以确保市场在最佳水平上运行,这就是被称为凯恩斯主义的资本主义。采用混合经济的西方工业化国家试图在政府干预和市场力量之间取得平衡。围绕正确的平衡点究竟在哪里这个问题,经济学家们争论不休,这也是左右两派政治家之间争论的主要焦点。

右派人士赞成尽可能减少政府干预,最大限度地增加竞争、选择和市场力量,理由是这将产生更强大的经济,为每个人提供更多的机会。左派人士赞成对关键行业实行公有制,扩大福利制度,增加立法以保护消费者、工人和弱势群体,理由是完全自由的市场本质上是以牺牲工人为代价而偏袒雇主的。大多数西方政治家一般都试图在这两个极端之间找到中间路线。

第8章 我们为何纳税?

没什么事是确定的,除了死亡和赋税。

我们中的大多数人都在抱怨税收,还有一些人竭尽所能来避免缴税。然而,如果我们希望政府提供人人都需要的公共产品和服务(从警察到道路和学校),税收则是必不可少的。

直接税和间接税

经济学家将税收分为直接税和间接税。

直接税在纳税人赚到钱时向其征收,并直接付给政府的征收机构。例如,向个人征收的所得税和基于企业利润的公司税。

间接税是由中间人,如零售商,在销售时代为收取,然后转给政府征收机构的税收。例如,营业税或增值税(VAT)通常对所有产品征收统一税率的税,酒类和汽油则是征收特定的消费税,因产品而异。

大多数经济体都采用直接税和间接税并行的征税模式。一般来说,要对收入征一定程度的税:对工资(个人)和利润(企业)征税,可以是固定在一个水平上的统一税率,也可以是累进税率,税率随着收入的增加而上升。对商品和服务征的税可能分为全国性税种和地方性税种,如美国的税种。必需品可能被豁免征税或以较低的税率征税,例如,在英国,对大多数食品、儿童服装和书籍都不征收增值税。

税种

有些货物或金钱的转移会产生额外的税收。例如，买卖房地产，可能需要缴纳印花税。最初，这是对转让文件的授权，或加盖"印花"税票所收的费用。

印章本身已经消失，但税依然存在。涉及财富转移的税收，其税率往往制定得更高，包括对死亡后继承财物和房产征收的遗产税，以及对出售高价值物品（包括房地产）征收的资本利得税。

一些国家还会对个人拥有的贵重物品征税，如豪宅或艺术品。

旅游税是因大量游客给基础设施造成负担而进行的收费，如威尼斯的过夜税就是城市向游客征收旅游税的例子。

用税收控制行为

消费税是对特定品类商品的生产或销售征收的税，包括对从国外引进的商品征收的进口税。对被视为不健康的奢侈品征收的消费税，私下常被称为"罪恶税"。政府把它们作为一种社会工程的形式；把烟草、酒类和含糖饮料等商品的价格变得昂贵，可以抑制这些不利健康的消费行为。

税收也可以用来鼓励（或"激励"）某种特定形式的行为。例如，政府可以对运动器材或营养食品免征营业税，以鼓励更健康的生活方式。

这些影响人们行为的税收和豁免并不完全是利他的，健康的人口比不健康的人口具有更高的经济生产力，并且所需的医疗和福利开支更少。

是费用而非税收

有些看起来像是税收的费用，用经济学家的话说，根本不是税。在英国，有工作的人要缴纳所得税，还要缴纳国民保险。

虽然国民保险看起来像一种税（政府从超过一定水平的收入中抽取的一个百分比），但严格来说，它是对福利制度所提供的服务收取的费用。这些服务包括免费医疗，为失业或低收入人群提供救济以及老年人的养老金。向地方当局或公用事业部门支付的强制性款项（如英国的市政税）被用于资助地方服务，如教育、垃圾收集、警察工资和道路维修。

对什么东西可以征税？

过去有些奇怪的东西也会被征税。

在古罗马，奴隶赚够了钱可以赎身，但自由是要征税的；尿液也是如此（卖给制革厂和其他行业使用时）。在中世纪的欧洲，对肥皂也要征税。

尤其是英国，曾征收过一些相当不寻常的税。18世纪时，对窗户（若房子的窗户超过10面）、壁炉、砖头、假发粉、蜡烛和印花墙纸都要征税。所有这些税收都是专门针对富人的。

在这个时期的一些英国乡村房屋中，你可以看到用砖头封住的窗户，这是为了减少房屋的税收负担。人们试图通过使用更少、更大的砖头来避免砖头税（尽管这些砖头很快也被征收了更高的税）。为了避免被征印花墙纸税，房主会挂上没有花纹的墙纸，然后在上面画上图案。

转移税收负担

个人和企业的纳税额由政府决定，纳税额经常随着政府的更迭而改变。在危机时期（如战争时期）纳税额也会发生改变,因为战争代价高昂并需要大量资金。

税收负担的分配方式反映了一个政府的价值观,以及它所青睐的经济模式类型。

在混合经济中,一个"左倾"的政府通常会征收更高的税款(尤其是对富人),这样就可以将更多的资金分配给国家提供的服务(如基础设施和福利)。左派的做法倾向于支持不太幸运的人,使他们有一个可接受的生活水准并减少不平等。这方面的资金来自高额的直接税,有时也包括对非必需品或奢侈品征收更高的间接税。

一个"右倾"的政府通常会减税,并相应地减少公共开支。右派的做法倾向于鼓励企业和个人的努力,以高所得低税负来奖励其业绩和盈利能力,目的是提高社会整体的繁荣程度。右翼政府经常收取低直接税和高间接税。间接税(通常是针对支出的)是人们可以控制的,因为他们可以选择是否在含税的项目上花钱。

政府或地方当局都会受益于购物的间接税,因为它不限于居民,游客和访客也必须支付,而他们原本是不会为国家税收做贡献的。

税收是用来做什么的？

税收会被用在许多不可或缺的事情上：

- 政府和国家的运作
- 执行法律和秩序（警务）以及国家安全（军事）
- 维护基础设施（道路、运河、数据电缆、公共交通等）

以及在不同程度上也被用于以下事情：

- 资助医疗保健、教育和福利制度
- 经营提供公共事业的国有服务，例如燃气、电力和自来水
- 资助体育设施、博物馆和图书馆以及艺术

哪些是必需品？

在对非必需品制定间接税时，经济学家和政治家必须决定哪些商品是必需品。这导致了类别内一些奇怪的区分。

在英国，大多数食品被认为是必需品，不征收增值税。然而，辣的食物、薯片、盐烤坚果（不包括无盐的生坚果）、饼干（不包括蛋糕）、果汁（不包括水果）都有增值税。只要是通常被认为是食品的肉类，就不存在肉类的

增值税——因此,鳄鱼肉、鸵鸟肉和马肉都要缴纳增值税。"普通"蔬菜没有增值税,但装饰用的卷心菜等有增值税。通常食用的活鱼没有增值税,但观赏鱼有增值税,除非准备当作食材。如果动物不是英国人通常食用的物种,则其饲料有增值税,因此狗粮有增值税,但鸡饲料没有。

童装和童鞋没有增值税。对用于裹婴儿的有兜帽的襁褓不征收增值税,但对没有兜帽的襁褓要征收增值税。除非是羊皮或兔毛,否则外侧用真正的毛皮制作的帽子需要缴纳增值税,但用人造毛皮或只在里面用毛皮制作的帽子则不需要缴纳增值税。对儿童的围巾不征收增值税,但对发圈和耳罩则征收增值税。游戏服装,包括玩具枪和玩具手铐等配件,只要是作为整套服装的一部分出售,就没有增值税。

某些类型的税收可以被指定用于特定的服务。例如,道路使用税可以被留作道路建设或公共交通的资金,这被称为限制资金使用或抵押。

反对征税

那些赞成自由市场经济的人往往反对征税,因为它减少了人们花钱的选择。他们认为,税收扭曲了市场。这是因为税收的使用方式是由政府决定的,可能不反映个人的偏好。例如,没有孩子的公民可能不会选择把钱花在儿童教育上,但当教育经费来自每个人必须缴纳的税款时,他们就必须这样做。一个极端的观点是,税收代表着胁迫或盗窃,因为人们对是否支付税款没有选择。

制定税率

政府在制定税收时必须找到平衡点。税率必须设定在一个能够筹集到足够资金的水平上,从而足以为政府支出计划提供资金。但是,如果税率过高,就会抑制人们工作的积极性,从而减少税收总额。

有些经济学家认为,如果保持低税率,人们就有动力多工作,因为他们可以保留更多的收入。当人们消费或投资这些钱时,会使经济更有活力,从而带来更多的税收收入。税收甚至可能会立即增加,因为人们会拉长工时,所以即使是较低的税率,总体缴纳的税款也会更多。

如果税率较高,人们看到的"边际效益"(每小时或每天工作的收入增加）很少，因此可能选择减少工作，导致税收下降。

一些非常富有的人如果认为国内税收负担太重，可能会搬到海外税率较低的国家。

拉弗曲线（见下图）显示了税率和税收之间的关系。曲线的峰值表示大部分税收的税率。然而，该曲线的形状是有争议的，而且可能因时间和地点而异。如果在50%或更低的税率下征收大多数税，曲线可能是对称的。或者它也可能是不对称的，甚至可能有两个峰值。拉弗曲线的概念可以追溯到14世纪突尼斯和阿拉伯社会学家伊本·哈勒敦（Ibn Khaldun），尽管它是以美国经济学家阿瑟·拉弗（Arthur Laffer）的名字命名的（虽然拉弗并未声称发明这条曲线）。

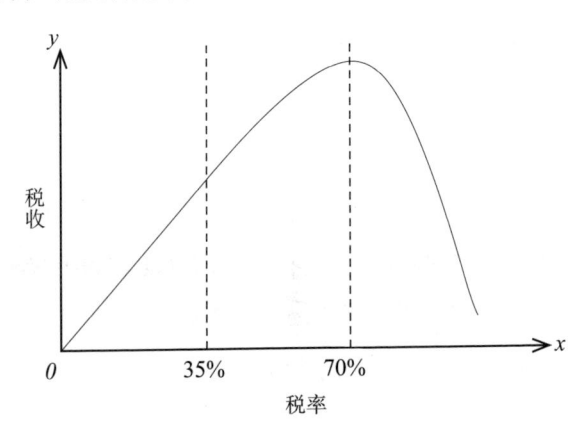

第 9 章

我们为什么不直接印更多的钱?

在一个经济体中,流通的货币总额是固定的,但有时会不够用。

如果一个国家没有足够多的钱（也许它欠了很多国际债务，或者它的国内经济举步维艰），问题就来了：为什么它的中央银行不能印更多的钱？这样，国家可以用新印出的钱来偿还债务，或投资于建设道路、房屋和学校等方面。在某种程度上，可以认为经济体就是这样做的，但其实际过程并不那么简单。

钱从何而来？

当经济健康或"繁荣"时，银行通过发放贷款以相对较低的水平稳定地创造出更多资金。额外的钱不是通过印新的纸币并让其进入流通来获得的，而是通过创造没有实体存在的银行货币来获得。例如，如果你办理了20万美元的抵押贷款，银行会把20万美元存入你的账户，这也是你真正所欠的金额。最终，当你偿还了债务后，为贷款目的而创造的钱也就消失了。在此期间，银行从你支付的贷款利息中赚取到真正的额外的钱。

> "每当银行发放贷款时，它同时在借款人的银行账户中创造了相应的存款，从而创造新的货币。"
>
> ———
>
> "现代经济中的货币创造"，《英格兰银行季刊》

通常情况下，钱是以稳定的速度被创造出来的。然而，如果银行创造了太多的钱，由此产生的债务太多，以致人们和企业无力偿还时，就会出现问题。银行会因此失去信心，停止发放贷款（创造货币），经济系统则会变得不平衡。

量化宽松

规范化的新货币创造是在中央银行的监督下，通过商业银行的活动进行的。在经济危机时期，中央银行可以通过被称为量化宽松（QE）的方法来创造新的货币。这被认为是一种"非常规"的货币政策，所以只在特殊情况下施行。

量化宽松并不是真正的印钞许可，因为实际上没有印钞，但它是一张制造电子货币的许可证。政府觉得，如果在流通中有更多的货币，国家的情况会更好，它就会创造一些货币，并用其从保险公司和养老基金等投资者那里购买债券。通过这种方式，更多的货币得以流入常规经济领域。

此举有两个作用。首先，为债券支付的利息减少了。当利率较低时，人们没有储蓄的动力，但有很多借贷和消费的动力。借贷和消费将重振经济,因为需求的增加会刺激生产。第二,金融机构会有更多的钱。既然他们有多余的钱,他们应该会更愿意把钱(当然我们希望是负责任地)借给想要发展的企业,甚至借给想要买房、买车或度假的人。这些企业会生产更多的商品或提供更多的服务,人们能够购买这些新的商品和服务是因为他们现在有钱了。由于企业的发展,他们会雇用更多的人,这些人则有了收入可以消费,整个经济变得更有活力。这理应能推动经济摆脱衰退或停滞。

量化宽松是否有效?

日本银行在20世纪90年代首次尝试了量化宽松。然而经济学家对它是否有效一直存在分歧。

首个万亿的货币存量

英格兰银行成立于1694年。银行经过300多年的适度放贷,才积累了首个万亿英镑(1.5万亿美元)的货币存量,但只用了8年时间就创造了下一个万亿英镑的货币存量。

美国一直是最热衷于量化宽松的国家。从2008年底到2015年初，美国联邦储备银行总共花费了3.7万亿美元（约合2.4万亿英镑）来购买债券，声称这一行为在降低失业率和达到其目标通货膨胀率方面取得了成功（尽管通货膨胀率仍然很低）。2009年3—11月，英格兰银行购买了价值2 000亿英镑（约合3 000亿美元）的债券；英国的经济产出增加了1.5%—2%，该银行声称至少这部分成效得益于量化宽松。

这些数字对人们意味着什么？量化宽松是在为金融市场注入活力，而不是为主要的消费经济注入活力。股民会首先受益。在英国，量化宽松使股价上涨了约20%。由于40%的股票由最富有的5%的人口拥有，富人从中受益最多，每人约有12.8万英镑（约合19.6万美元）。其余的人仅能通过"涓滴效应"受益，这有赖于富人以促进国家经济的方式消费他们的财富。如果他们从外国造船厂买了一艘游艇，或出国度假，或乘坐设在另一个国家的航空公司的航班是没有什么用的。如果他们在当地餐馆消费，食用当地种植的食物，或购买其他在本国采购、制造或提供的商品和服务，这样做才确实能促进经济。然而，他们可能把钱花在其他金融产品上，而非用于购买真正的商品和服务,在这种情况下,涓滴效应就不会发生。

> **涓滴效应**
>
> 作为"里根经济学"[美国总统罗纳德·里根(Ronald Wilson Reagan)的经济政策]的特色之一,涓滴效应指出,如果企业和富人不被征收高额税款,他们会将额外的财富用于消费和扩大生产规模。这将促进经济发展,因为这种好处最终会渗透到经济水平较低的人身上。如果一个公司可以保留其大部分收入,它将建立更多的工厂,雇用更多的人,生产更多的产品,从而产生更多的收入。工人和股东增加的收入将被用于消费,从而促进其他经济领域的发展。然而问题在于,如果人们对经济没有信心,多余的钱就不会被花掉,而是被储存起来,因为没有人有信心进行投资扩张。

债券反噬

还有一个问题在等着我们。迟早有一天,银行会想要出售他们买的那些债券。到那时,除非经过仔细判断和处理,否则利率可能上升,量化宽松刺激下的任何复苏都可能被扼杀。当利率低时，人们会借钱购买商品和服务，企业会借钱扩张，这些行为推动了经济活动；当利率高时，人们不愿意借钱，因为还款成本太高。他们不再有钱来买东西，企业也不愿意借钱扩张和雇用员工，这时经济就变得不那么活跃，甚至可能会滑落到起点。

但是，为何不印更多的钱呢？

看起来，解决贫困的一个办法就是印更多的钱，然后把钱给所有贫穷的人。为什么我们不能这样做？

假设一个国家印了更多的钱，以便该国人民能够购买更多的东西？在新货币入市之前，一个杧果的价格是1美元，该国的经济价值为20亿美元；国家又印了20亿美元，并将其释放到经济中。现在更多的人可以买得起杧果了，但是杧果的实际产量并没有增加。这会导致卖杧果的人可以选择把杧果卖给谁。

他们通过提高价格来选择购买者：对商品的竞争购买活动增加了需求，导致了价格上涨。很快，杧果的价格就会变成2美元，而不是1美元，于是经济又回到了起点：该国并没有变得更富裕，因为它的生产能力并不比以往更强。

那么创造货币来偿还国际债务如何？这也行不通。在国际上，货币的价值不尽相同。它们相对于彼此的价值一直在波动，代表了每种货币的真正"价值"。如果一个国家印了很多钱，它的货币价值会下降，它的债务却不会变少。因为债务不是以每个国家自己的货币来储存或计算的。

假设一个虚构的国家"乌托邦"的汇率为 2 乌托邦元兑换 1 美元，该国欠国际货币基金组织 50 亿美元（或 100 亿乌托邦元）债务，其国内生产总值为 100 亿乌托邦元。乌托邦决定再印刷 100 亿乌托邦元来偿还其债务。但现在其货币的供应量增加了一倍，货币的价值却减少了一半。之前购买一个杧果需要 1 美元，现在要 2 美元，50 亿美元的国际债务此时相当于 200 亿乌托邦元。

第10章 我们还需不需要制造业?

我们听到过很多关于如何生活在一个后工业时代的讨论。

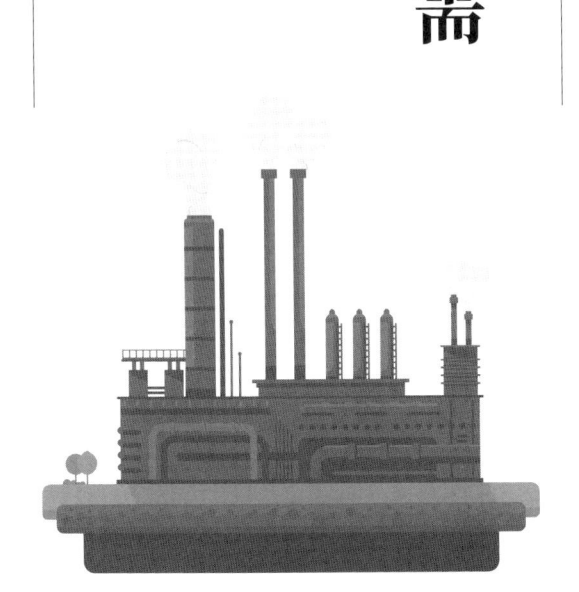

但是,没有制造业怎么行?

如果你的包里有智能手机、平板电脑和汽车的电子钥匙扣，你就不像是后工业时代的人。对经济学家和社会学家而言，"后工业时代"意味着经济中的制造部门已经为另一个非工业部门所取代。如今，在许多国家的经济中，服务业与知识经济的规模已经比制造业大。

从农业到工业

很久以前，大多数人都在从事农业生产。直到19世纪下半叶，还有近四分之三的人口从事农业工作，即便在发达国家中也是如此。生产资料的使用首先是为了满足需求，需求得到满足之后，再去满足欲望。在20世纪之前，农业都是劳动密集型的。如今，在较富裕的国家，只有2%—3%的人口从事农业，这一变化过程为其他类型的生产提供了劳动力。

即使大部分人口从事农业工作，农业占一个国家GDP的比例也从未超过一半。从经济角度看，其生产力并不高，因为食物必须足够便宜，使每个人都能买得起。在较富裕的国家，农业现在只占GDP的1%—2%。这并不是因为我们没有种植那么多的农作物，而是因为

GDP 的其他贡献因子有更大幅度增长。

离开农田……

在农业机械发明之前,播种、除草、施肥和收获农作物都是艰苦的工作。随着农耕机械化,人们被解放出来从事其他类型的工作,如制造业。在英国,从农业社会到工业社会的转变始于18—19世纪的工业革命,当时高效且机械化的犁、播种机和锄头取代了许多手工作业。制造业机械化的发展吸引了多余的农民工进入城市,在工厂中从事长时间的机器操作。

20世纪中期,另一波农业机械化的爆发导致农业人工劳动占比进一步下降。与其伴随而来的是"二战"结束后制造业的大规模增长,其通过利用新材料和新技术,为新兴富人和乐观大众服务。20世纪五六十年代,制造业在西欧和美国处于鼎盛时期,雇用了将近40%的人口。

……离开工厂

就像机械化将人们从农场的繁重工作中解放出来,

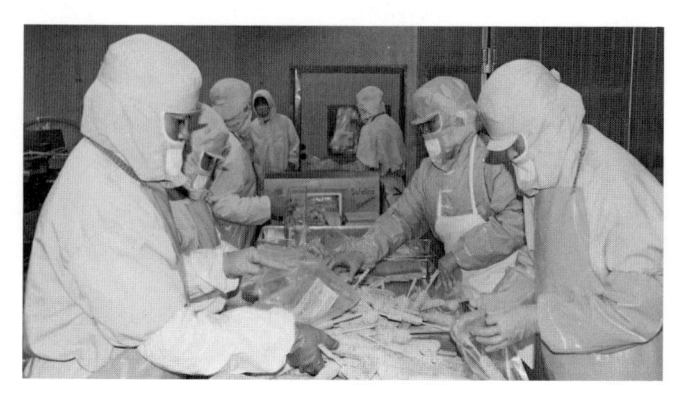

中国北方一家工厂的食品加工生产线

其后来也将他们从工厂的重复性工作中解放出来。工厂的机械化提高了生产者的制造效率，工厂需要的人力变少了，至少在发达国家中是如此。如今，在大多数较富裕的国家或地区，只有大约10%的人从事制造业。例外情况包括中国台湾（28%）和德国（20%）。

在发展中经济体中，人力仍然是廉价的制造资源。我们在发达经济体购买的许多商品都是在发展中经济体中拥挤的血汗工厂和制造厂中生产的，因为当地的劳动力比机械化更便宜。还有些制造流程复杂或不可能机械化，主要在有大量廉价劳动力供给的地区进行。

依然在制造

20世纪80年代初,制造业占世界贸易总额的57%;到了1998—2000年,这个比例已上升至78%;2009—2011年,占比有所下降,但仍高于69%。因此,制造业仍然是重要的经济组成部分,尽管从事的人变少了。

发达国家通常有10%的人口从事制造业,3%的人口从事农业,剩余的大量劳动力可以从事其他行业。许多人从事服务业:旅游、教育、法律、医药、银行、零售等。尽管服务业不生产任何新的东西,然而它们可以重组经济的各个层面,例如,给蛋糕"增值",在咖啡

馆里通过漂亮的摆盘方式更高价售出商品。到目前为止，许多服务业的人员仍然相当密集。

> ### 三大产业
>
> 第一产业处理原材料，如从地下挖出金属，钻探石油，等等。
>
> 第二产业对原材料进行加工以制造产品（制造业），例如，将金属变成汽车，将小麦变成面包和蛋糕。
>
> 第三产业不生产任何实物产品，但提供服务。他们四处运送汽车，在咖啡馆里卖蛋糕，并为开设咖啡馆提供银行贷款。

这真是个好主意吗？

许多情况下，发达经济体已将其大量的制造业转移到土地和劳动力更便宜的地区。在某些情况下，他们本身不从事生产活动，而是从制造商那里采购，然后在西方市场上销售。例如，很少有服装或电子产品是在西欧或美国本地生产的；它们大多数是在亚洲制造的，亚洲已经成为"世界工厂"。如果运作顺利，西方经济体的

GDP对服务业的依赖似乎没有问题。甚至带有一种干净而精致的光环。没有那些肮脏的工厂或在土里翻刨的情景,而是依靠银行、房地产和保险业过活。

但真的可以吗? 2008年的金融风暴证明,以服务业为基础的经济是多么脆弱。当很多服务实际上用大多数人的话说,是虚幻的时候:当其涉及销售与现实世界中的任何事物几乎无关的金融"产品",如衍生产品、期货和再保险组合的时候,经济会特别脆弱。全球经济衰退并非源于我们不再种植足够的食物、制造足够的汽车、在医院护理足够多的病人或经营足够多的酒店,因为所有这些行业都延续多年来的做法并保持了其生产力。

相同的职业,不同的行业

近年来,许多组织机构已经开始将非主要业务的职能外包。一个例子是,服装厂将其食堂外包给餐饮公司,将其清洁工作外包给清洁公司。当人们被服装厂雇用为厨师或清洁工时,他们的工作属于制造业。一旦他们作为厨师受雇于餐饮公司或清洁公司,他们就属于服务行业。

第11章

你购买的是什么?

营销专家努力将价格定在能够鼓励人们消费的水平上。

制定价格听起来似乎应该很容易。但正确定价将会涉及心理学和社会学。一个重要的因素是，人们是否觉得他们做出了正确的判断，因为给他们施压没什么用。你可以从买家或卖家的角度来看这一章。如果你是买家，本章将使你对零售商试图"捉弄"你的把戏有更清醒的认识，如果你是卖家，你可以试试其中的一些伎俩，它们会派上用场的（至少对没有读过这本书的人来说）。

选择付钱

人们愿意为商品和服务付多少钱取决于因人而异的个人标准，但此标准一般是以下因素的组合：

- 感知价值：该物品是否提供他们所看重的功能
- 实用性：该物品能达到多少他们希望其做到的事情
- 质量：较贵的物品的质量是否优于较便宜的物品
- 声望：选择更昂贵的物品，是否会提高他们的社会地位
- 归属感：该物品是否是某一社会团体成员的象征

- 可得性：该物品相比更便宜的物品是否更难获得
- 信任/风险：消费者是相信更昂贵的物品更可靠，还是认为购买更便宜的物品有风险，可能在某些方面达不到其预期
- 道德：昂贵的物品是否在道德上更容易被接受（例如低碳、有机），或由消费者希望支持的一类组织销售（例如当地的独立零售商而非连锁店）

买吧，很便宜的！

我们经常看到商品的广告宣称比竞争对手的产品更便宜。在许多市场上，你会认为这是有说服力的论点，毕竟，相同重量的一罐番茄和另一罐番茄差不多，特别是如果它们是来自不同商店的同一品牌，但这个论点同样也会令人起疑。如果零售商指出一种产品比另一种产品便宜，顾客可能会怀疑便宜的产品没有那么好。他们开始觉得自己可能被骗了，或者被强迫了，这两种情况他们都不喜欢。他们可能为了避免受骗而购买较贵的产品，因为购买较便宜的产品会让他们显得吝啬或拮据。

如果人们认为某样东西物超所值，即比其真实价值

便宜，他们就会购买。如果一件物品被宣传为是特价或降价，上一段那种谨慎的态度就会消失。麻省理工学院和芝加哥大学的一项研究表明，比起定价39美元，如果一件产品从48美元降到40美元，人们更有可能会购买该产品。

作为购物者，我们在试图确定一件东西的价值时几乎没有任何依据；因为其中存在信息不对称，卖家对其产品的了解远远超过我们。

经济净收益

消费者实际付出的钱低于愿意付出的钱，所获得的价值被称为经济净收益。假设苹果和梨的价格都是每千克3美元。你更喜欢苹果，愿意为其支付每千克4美元；对于梨，你只愿意支付每千克3.2美元。

如果你以3美元的价格各买一千克，你从苹果中获得1美元的经济净收益（因为你省下了你愿意支付的1美元），但你从梨中只获得了20美分的经济净收益。

自信心在作怪

易贝（eBay）等互联网拍卖网站的吸引力之一是，我们可以看到人们对某样东西的估值，并从他们那里获得线索。大多数人对自己的价值判断能力相当不自信。这导致了谨慎的购买态度,特别是在买卖双方信息不对称的情况下。例如,购买二手车的人掌握的车辆信息比卖家少得多。因此,他们可能会保持警惕,担心车辆存在隐藏的故障,准备支付的钱也比他们对其有信心时少。

为何人们实付的钱比应付的多?

在天平的另一端,有一些人愿意为物品支付超过本应支付的价格。付出更多往往可以确保物品有更好的质量,或具有更多的功能,或提供更好的售后服务。人们可能会购买一个知名品牌,因为他们对它更有信心,这也是降低购买风险的一种方式。但有些购买决定则完全超出了质量和信任的范畴。

虽然一件5美元的T恤可能不如一件50美元的T恤耐穿,但一件500美元的T恤可能不会比50美元的T恤质量更好。你可以用500美元买到一块极好的手表,而也有人买了价值1万美元以上的手表。在手表上添加黄金和钻石并不能使它的计时效果更好。那么为什么要买呢?人们重视美学设计,也愿意为好看的东西多付钱,但通常不至于多花 9 500 美元。在这一点上,人们是在为社会价值买单:他们认为该物品有利于对其他人传达关于自己的信息。

声望与归属感

昂贵的物品似乎是一个社会团体成员的身份象征。这同样可以与信任和风险联系起来,特别是如果人们相信他们所认同的群体对产品的判断,而自己对产品和其替代品知之甚少时。归属感解释了为什么这么多人在购买 iPhone 时不与市场上的其他手机进行比较,以及为什么从服装品牌到度假目的地的一切都有流行趋势。如果没有研究各种可能性,如果对自己的品位或社会地位没有安全感,我们就会购买那些我们认同或渴望成为的人所买的东西。广告商就利用这点变现,用比目标受众所在的环境更有魅力或异国情调的背景,展示模特使用产品的情景。其目的是让你觉得,如果你拥有这个产品,你也会成为富有/时尚/有吸引力/年轻的人中的一员。而现实是你并不会变成他们中的一员,你还是你,只是多拥有了一个为之支付过高价格的产品而已。

背景是一切

斯坦福大学和莱斯大学的研究人员在 eBay 上挂了两张相同的 CD，起拍价为 1.99 美元。一张 CD 商品页的旁边是起拍价为 0.99 美元的 CD，而另一张 CD 商品页的旁边是起拍价为 5.99 美元的相同 CD。研究人员发现，在旁边摆放更贵的 CD 的那张，总是比在旁边摆放更便宜的 CD 的那张收到更多的出价，且卖出的价格也更高。人们对 CD 价值的看法显然受到了其他出价的影响。

然后研究人员重复测试，但这次增加了说明价格差异的文字，并建议顾客比较价格。竞价模式发生了变化。人们出价前观望的时间变长了，而且相邻 CD 的价格并不会影响他们愿意支付的价格。一旦比较的选择权不在他们手中，他们就会怀疑且兴趣减弱。

买吧，我们不希望你买！

我们大多数人都经历过被傲慢的店员看不起的情况。我们要么硬着头皮忍耐，要么干脆离开。"他们难道不想让我买东西吗？"我们在心里抱怨。嗯，对，他们不想。如果你不是他们希望的目标顾客，他们会觉得你的存在会贬低他们的品牌。对有些顾客来说，这种失礼的对待方式并不能阻止他们逛商店。店员的反感增加了产品的吸引力，使其更受欢迎。这种类型的顾客是愿望型购买者，他们购买是因为想要成为那些通常拥有这些商品的人。

奢侈品消费者的4"Ps"

加利福尼亚州马歇尔商学院的研究表明，根据消费者对奢侈品牌的态度，可以将他们分为4类。分别是：贵族（patrician，旧富）、暴发户（parvenu，新贵）、虚荣者（poseur，钱较少）和无产者（proletarian，没多少钱）。

贵族们购买奢侈品是因为他们在乎质量，也因为他们对品牌的忠诚。他们对向公众炫耀标签不感兴趣，一般会挑选只有其他贵族才会认可的低调设计。

暴发户就是想炫耀奢侈品的标签，因为他们需

要向其他富人表明他们是同一类人。他们就是那些购买带有显眼路易威登标志的行李箱、带有醒目的古驰标识的太阳镜、炫目的红色法拉利跑车和独特的鲁布托红底鞋的人。

虚荣者想炫耀品牌，但不一定能负担得起。他们在市场上购买贵族和暴发户都极力回避的廉价仿冒品和进口假货。

无产者不会在意品牌，只买他们喜欢且负担得起的东西。

其结果是，像古驰和路易威登这样的奢侈品牌往往有两种类型的产品——一种浮夸，卖给暴发户；一种低调但更贵，卖给贵族。所以廉价、外观相似的和"山寨"产品的设计主要是针对暴发户的，因为这就是那些虚荣者效仿的对象。

买吧，贵着呢！

商业心理学家罗伯特·西奥迪尼（Robert B. Cialdini）引用了一位珠宝商的例子，她的绿松石珠宝卖不出去。她本来打算半价促销，但不小心把它错标为原价的两倍。突然间，人们看到绿松石珠宝很贵，就认为它很特别，然后就买了。

穷得只剩下钱

谁会买以下这些东西呢?

- 一部黄金的 iPhone,售价 10 万美元(6.5 万英镑)
- 一款黄金和钻石的蓝牙耳机,售价 5 万美元(3.25 万英镑)
- 黄金订书钉(是的,用于纸张的订书钉),175 美元(113 英镑)一包,不过如果你货比三家,你就可以用 59 美元(38 英镑)买到
- 一把鳄鱼皮雨伞,售价 5 万美元(3.25 万英镑)
- 镶有钻石的隐形眼镜,售价 1.5 万美元(0.97 万英镑)

答案是——暴发户!

第12章 为什么我找不到工作?

失业率时而上升,时而下降,为什么会这样?

传统的工作模式是，一个人可能在16岁、18岁或21岁时开始工作（这取决于他们接受教育的时间），并持续工作四五十年，然后退休。但这种模式已变得不那么普遍。现在人们有失业期，包括放弃有偿工作去照顾年幼的孩子或年长的亲属，提前（或推迟）退休，重新培训，重新学习，或者在某些情况下，根本不工作。

对劳动力的需求

劳动力与土地和资本一样，是生产要素之一。没有劳动力，就无法生产或销售任何东西。即使我们想象有一个完全自动化的工厂在生产商品，仍然要有人维护和修理机器，处理订单和购买原材料，推销商品；也许还要有另一家公司，其中也有人来制造生产商品的机器。

劳动力市场

正如商品和服务以及生产的其他方面存在市场一样，也存在着劳动力市场。劳动力市场遵循我们熟悉的供需曲线模式。当对劳动力有需求而没有足够的工人时，工资就会上升；当找工作的人多于适合他们的工作时，工资就会下降。

劳动力与人力资本密切相关，即人们通过培训、教育和经验而形成的技能和能力。

可互换的工作和工人

有些类型的工作对技能或个人素质要求不高，因此大多数人都能胜任。例如，在电影放映的间隙打扫电影院，是一项几乎所有行动力和视力正常的人都能做的工作。这意味着人口中很大比例的人做得到，只是并非所有人都想做。

也有许多工作不需要技能和培训。假设一个没有经过培训的人想要一份非技术性的工作，而有两份报酬相同的工作供他选择：一份是在农场摘水果；另一份是在电影院捡垃圾。这个人可能会应聘电影院的工作，因为他可以看些电影，而且也许在电影院工作的时间安排与他们承担的其他义务（如照顾孩子）更匹配；或者他们可能因为喜欢在户外工作而应征农场的工作。如果电影院或农场有一方发现无法吸引工人，它可能会决定提高工资。那么此时应征者必须决定哪一个对他们来说更重要：更好的薪水还是在户外工作或者看电影？

工人太少：对劳动力的需求

在一个较少人愿意工作的市场上，雇主被迫提供激励措施以吸引员工。这些措施可能包括更高的工资、更灵活的工作时间，或额外的福利（也许是农场的免费水果）。任何行业对劳动力的需求都受到以下因素的影响：

- 其他生产要素的价格：如果自动化的价格下降，工人就会被机器取代
- 提高效率：如果工作方式变得更有成效，需要的工人就会减少
- 对商品的需求：如果需求上升，对劳动力的需求就会增加，以提高供应量

可替代性

如果物品间可以容易地实现互换,就可以说其是可替代的。如果它们是独一无二的,那么它们就不是可替代的。例如,纸盒装的半脱脂牛奶是可替代的:每一盒和其他盒是一样的,互换也不会有影响。原创艺术作品是不可替代的:每一件都是独一无二的,有不同的价值和历史。工作和工人的可替代性因工作性质的不同而有很大差异。一般来说,非技术性的工作是可替代的,而技术性工作的可替代性较低。

劳动力市场与其他市场一样,遵循供需法则,额外的激励措施吸引新的工人进入市场。也许更高的工资意味着人们能够负担得起儿童保育或交通费,使他们能够接受工作,或者使年长的人推迟退休,以便他们能够赚更多的钱。随着更多的人进入市场,工人的供给上升,所以更高的劳动力需求得到满足。此时工资不需要再提高了,因为如果提高了,从事技术工作的人可能会决定从事更无聊的工作,以换取更高的报酬,那样工人的数量会迅速增长。

劳动力市场也是互相联系的：如果电影院支付给清洁工的工资太高，电影票的价格就得上涨以弥补成本。那么去电影院的人就会减少，需要的清洁工也会减少，工资将再次下降。

工人太多：劳动力供给

劳动力的供给受到以下因素的影响：

- 人口变化：出生率的上升将导致未来劳动人口的激增。出生率的下降将导致未来工人的减少
- 移民：如果工人从一个地区迁移到另一个地区找工作，当地就会有更多的劳动力，工资可能会下降
- 税率：这会影响工作的边际效益。如果税收安排意味着他们努力工作获得的回报很少或没有额外的回报，那么人们可能不愿意增加工作时长

当劳动力供给充足时，雇主不需要提供额外的激励。他们即使提供低薪，也依然能填补空缺。工资能降到什

么程度，取决于国家特定的情况以及政府是否干预劳动力市场。有些国家有法定的最低工资，所有雇主必须至少支付这一数额。有些国家有福利制度，帮助失业者，或补足从事低薪工作人群的收入。慷慨的福利意味着，如果他们能从国家福利中得到同样多的钱，人们可能甚至不会选择从事低薪工作。

如果政府为从事低薪工作的人提供补贴，雇主就可以支付低薪而不会受罚，因为他们知道国家会补足工人的收入。如果没有监管和福利，雇主会支付非常低的工资，并迫使人们工作很长的时间。大多数发达经济体已经立法，规定了最低工资和条件，试图避免对工人的剥削，但有些企业通过将业务外包到不适用（或不执行）这些法律的地方来规避这一点。

稀缺性：技能短缺

高失业率并不总是意味着难以找到工作。即使在经济低迷时期，对于有些技能的需求可能也很高。尽管许多经济体的失业率很高，但雇主有时会抱怨找不到他们需要的员工。这通常适用于具有专业技能的人，如工程师或外科医生。这些工作的工资很高,因为做起来有难度,且雇员已经投入了时间、精力,也许还有金钱来学习做这些工作。他们希望自己的投资得到回报,从而赚取比非技术工人更多的收入。对于一个失业者来说,重新培训成为一名工程师或外科医生并不是一件简单的事情,所以高需求并不会迅速导致供给的增加。

其他因素

劳动力市场因金钱以外的因素而变得复杂。一个有强烈野心成为兽医的人,不太可能仅仅因为会计师的工作机会更多而去接受会计培训。一个想成为音乐家的人,即使有资格成为工程师,他可能还是会选择做音乐家,虽然收入比做工程师少。他甚至可能会做没有技术含量的工作来养活自己,同时努力在音乐领域开拓事业。对他来说,作为音乐家获得的个人满足感比金钱或工作安稳更重要。

另一个问题是,一个特定国家的学校或学院系统可能无法培养出具有雇主所需资格或技能的潜在候选人。因此,雇主可能觉得有必要自己培训新员工,但这既费钱又费时。例如，学校毕业生的 IT 素养很低，或者拥有管理资格的人多于管理职位的空缺，但其中拥有国际贸易所需的外语技能的人很少。会说中文或阿拉伯语的人可能供不应求，在这种情况下，能用其中一种语言进行商业谈判的人将比只会说英语的人更抢手。

大家都需要生存

工人有额外的需求，如负担得起的住房、子女的学校教育、可靠的通勤工具等，这些都会对劳动力市场产生影响。例如，高额的住房成本会迫使技术工人和非技术工人搬离一个地区。在这种情况下，工资就得提高，或者住房和交通成本就得下降，以避免劳动力短缺。对世界上许多城市来说，这已经是一个重大问题。政府必须决定是否进行干预，例如，提供低成本的公租房，补贴公共交通，增加学校教育和医疗保健的供给，以吸引工人返回城市。

劳动力的流动

劳动力市场也受到潜在的劳动力流动的影响，包括两个方面：地理流动和职业流动。

地理流动描述的是为了工作而拥有迁移的意愿和能力的人。这就是苏联解体后大量东欧工人移居西欧所表现出的流动类型。当水管工、电工和其他技术工人向西迁移时，他们很容易找到工作，因为他们愿意工作更长的时间，而且工资比同行业的西方工人低。

职业流动描述的是人们改变职业的意愿和能力，例如，从美发师转行当游泳教练。在非技术性和半技术性的劳动力市场上，这相对容易；对于技术性工作来说，由于必要的技能需要较长的时间才能获得，所以困难重重，费时费力。工人可能不愿意或没有能力为不同类型的工作进行再培训。

政府干预

政府的直接干预和立法的变化会影响就业市场。

如果政府设定了最低工资，其短期效果可能是职位空缺减少，失业率上升。但欧洲的经验表明，从长期来看，最低工资可以增加对劳动力的需求；更高的工资意味着雇主和工人对工作的投资更多，生产力也会因此而提高。

立法让雇主付出更多成本或责任，如为员工提供养老金，可能会导致雇主裁员。如果政府向雇主提供补贴，也许是为了鼓励雇用毕业生或残疾人，这可能会让某些工人群体获得更多的就业机会。同样，如果政府放宽对工资和条件的规定，或减少雇用人员的财务负担，市场对劳动力的需求可能会上升。

劳动力市场还会受到反歧视法的影响，反歧视法增加了可用工人的数量，例如通过儿童保育补贴（使更多的父母可以工作），以及鼓励或补贴培训计划。放宽或收紧对移民的控制会影响劳动力市场，因为这一措施会增加或减少雇主可用的外籍工人的数量。

第13章 哪些应该国有?

在有些国家,国家拥有重要的公用事业、工业和基础设施;而在其他国家,这些都是私营的。

所有政府都承认，有些商品和服务是必不可少的，包括清洁的饮用水、燃气和电力、军事国防、警察和司法体系等。但各国政府对应该如何提供这些服务持不同看法。它们应该是国有的还是私有的？它们应该垄断经营、有固定价格，还是应该由自由市场的力量决定成本？在一些市场经济国家，燃气和电力等公用事业是国有的；而在一些其他国家，它们是私有的。这样的决定往往是基于政治和经济的原因做出的。

商品类型

经济学家将公共物品和私人物品区分开来。令人困惑的是，这里的"物品"（goods）不同于相对服务而言的"商品"（goods）；这里的物品包括服务，是任何能使人获益的东西。

私人物品是指那些供应有限并且可以将人排除在外的物品。如果某样东西的供应是有限的，那么一个人的使用会妨碍另一个人的使用。例如，如果我买了一个比萨并吃了它，它就永远消失了，其他人不能再拥有它。这使得它成为一种竞争性物品：人们在消费中是竞争对手。

私人物品还具有排他性：这意味着其他人可以不被允许使用它们。人们只有在买了票之后才能去电影院看电影。没有票，他们就无法看电影。

公共物品既没有竞争性也没有排他性。这意味着一个人的使用并不妨碍另一个人的使用，而且人们不能被排除在受益范围之外，如路灯、国防和烟花表演。一个人能够使用路灯或享受烟花表演，同时不会妨碍其他人的使用和享受。

同样，没人可以被排除在国防或路灯的好处之外。人们不仅不能被排除在外，他们通常也不能选择将自己排除在外。许多公共物品是不可拒绝的。每个人都不能拒绝国家的太空计划或在饮用水中添加氟化物。

半公共物品或准公共物品有一些私人物品的要素，所以可能具有排他性。使用图书馆具有排他性：没有借书证的人不允许借书，尽管图书馆可能是由税收资助的，而且借书证是免费发放的。但图书馆不具有竞争性——一个人使用图书馆并不妨碍另一个人的使用。有些物品是半公共的，因为它们可以具有竞争性。例如，如果某些桥梁或道路收费，那么道路网络就可能是半公共的；

如果在旅游旺季,海滩非常拥挤,没有空间容纳更多游客,那么海滩就可能是半公共的。

搭便车的人

国家需要提供的许多商品都是公共的或半公共的。非排他性商品给国家带来了问题,因为它们不能只提供给付钱的人,而不提供给其他人。这就导致了搭便车问题:人们受益于服务,但却不为其做出贡献。

想象一个名为新乌托邦的国家,它想要建立自由市场经济。政府认为应该由人们选择如何花自己的钱。新乌托邦的公民中很少有人愿意为下水道、军队、警察和路灯付费。他们甚至可能不愿意花钱建立政府。大多数公民只想享受自己的生活——度假、享受夜生活和拥有汽车。由于他们的财力有限,如果他们必须在为军队购买军备和为自己购买汽车之间做选择,大多数人会选择购买汽车。然而他们很快意识到,他们不想支付的物品是非排他性的;所有公民都将从公共服务中受益,即使他们没有付费。

当一个国家有太多的"搭便车的人"时,就会引发

半公共服务，如游泳池和体育中心，建造和维护的成本很高。但对于那些负担不起私人体育俱乐部会员费的人来说，益处是巨大的

问题。由于没有钱支付公共服务，基础设施将开始崩溃，犯罪分子将趁警力缺乏时乘虚而入。因而无法保证自由市场对公共服务进行充分的投资，或有办法将其维持在一个适当的水准。因此，政府认识到，无论他们多么致力于自由市场原则，有些东西公众必须买单，无论他们喜欢与否。政府让人们为公共服务付费的方法就是征税。

有益品

一些公共物品和一些私人物品也被归类为有益品。有益品是有益于整个社会的，包括教育、医疗、体育设施、博物馆、图书馆和公共广播。如果有益品完全自由市场化，那么不能保证私营企业会以人人负担得起的价格，提供足够多的设施给所有有需要的人。由于这些设施会造福整个社会，大多数政府会选择免费或廉价地提供其中的一些服务。

受益于教育或疫苗接种的人看似只是那些受了教育或接种了疫苗的人。而事实上，整个社会都会从受教育程度较高的人群中获益，因为这通常会使工人更具生产力，反过来又会促进经济增长。同样，如果大多数人都接种了疫苗，就会减少传染病传播的风险，整个社会都会从群体免疫中获益。

有害品

与有益品相反的是有害品。这些商品由市场过度提供，并且对社会有害，例如，街头毒品、酒类和烟草制品。政府可以通过几种方式进行干预：他们可以禁止有害品流通（如街头毒品）；他们可以使用税收来提高商品的价格，从而减少消费（如烟草和酒类）；他们也可以使用教育和宣传来阻止人们购买和使用有害品。

为你不想要的东西付款

政府让人们为他们不愿意付费的东西买单，可以基于几个理由，也可以通过不同的方法来实现。例如，人们可能被迫或被说服为教育（为自己的孩子或其他人的孩子）付费、购买汽车保险和健康保险以及缴纳养老金。

政府可以利用税收或立法来确保人们付款。例如，如果你想开车上路，法律规定需要购买汽车保险，以保证在发生事故并伤害到其他道路使用者或损坏他们的汽车时，你能对他们进行赔偿。可能有法律规定需要缴纳养老金或健康保险，否则这些钱会被从你的收入中扣除。政府可能会利用广告和公共宣传活动，尽可能说服人们缴纳养老金，或者将接种疫苗变为儿童能否在学校注册的一个前提要求。

谁来做这项工作?

一旦地方或国家政府机构决定资助哪些公共物品和服务,就必须选择如何提供它们。政府可以自己雇用员工,也可以将服务外包给私营企业。对政府来说,长期雇用它偶尔才需要的短期员工是不符合经济考虑的。例如,地方当局不会长期雇用人员来维修道路,而是在需要时,付钱交由私营企业进行维修。另一方面,学校需要一定数量的长期教师,所以教师将由地方当局直接全年聘用。

我们是否应该将基本产业私有化?

对于国家应该提供多少以及何种类型的服务,人们有不同的看法,随着政府的更迭,国家提供的服务多少也在变化。经济越是倾向于自由市场,私有化的基本服务就越多。

有些国有企业可能会被卖给私人投资者。在过去的50年里,英国政府已经出售了许多国有服务,包括英国燃气、英国电信、英国邮局和英国铁路。支持私有化合理性的论点是,在私营部门,服务的运行将更有效率和竞争力,这将使消费者受益。事实上,英国的许多变为私有化服务现在主要由设在海外的国有企业通过在公开市场上收购股份所拥有。

私有化的优点	私有化的缺点
通过削减成本寻求利润最大化,效率得以提高	由于经济因素被置于服务质量之上,商品或服务的水准下降
有远见:负责人不受选举任期的限制	股东的愿望可能优先于员工、企业本身和所服务的消费者的需求。例如,股东希望获得高额分红(对其股份的支付款项),就可能为此选项投票,而不是投票支持购买新的列车或管道,以改善长期的服务
如果竞争的增加导致价格下降、商品或服务的水准上升,那么消费者就会受益	在自然垄断的情况下,如自来水公司,由于缺乏竞争和国家监管会导致消费者被剥削(如价格较高,但服务较差),因为消费者没有其他的选择
不受政治干预,国营组织可能会因为政治影响而不愿裁员	可能导致碎片化,一些责任领域或部分市场遭到忽视或忽略
出售机构股份可为国家筹集资金	私有化是一次性的现金注资,国家从该组织创造的利润中获益甚少(只带来税收)

这些企业的大部分利润都流向了海外的国有企业或股东，而不会为了英国消费者的利益进行再投资。

右翼政府倾向于赞成私有化，而左翼政府则可能将更多的服务纳入国营或公共所有，甚至可能将已经出售给私营部门的行业重新国有化。如，英国的铁路网络基础设施（铁轨、车站和信号系统等），它曾经是私有的，然后被收购为公有，然后再次被私有化，后来又被重新国有化。然而事实证明，无论是私营还是国营，都未能提高其效率。

许多经济学家认为，对于那些没有自然垄断的行业来说，私有化是一个有效的选择，自由市场的竞争将确保低价格、高标准。电信业就是一个例子，在竞争激烈的市场中，可以由许多不同的供应商提供服务，而对服务的不利影响很小。然而，供水就是一种自然垄断。消费者没有选择的机会，所以没有市场驱动的激励机制让供应商降低价格或提高标准。

第14章

通货膨胀是好事还是坏事?

没有人喜欢涨价,但物价停滞不前又不利于经济发展。

通货膨胀是指随着时间的推移，物价持续上涨；通货膨胀会降低货币的购买力。这意味着如今一美元、一英镑或一欧元能买到的东西比之前要少。例如，如果你有1美元，一根巧克力棒的价格是0.99美元，你就能买一根；如果通货膨胀把巧克力棒的价格推高到1.01美元，那么这根巧克力棒你就买不起了。

一篮子商品

通货膨胀是在一个经济体内衡量的，显示价格如何随时间变化。由于个别物品的价格受到许多因素的影响，通货膨胀是通过跟踪家庭通常购买的一些商品和服务的价格来衡量的。这些商品被称为一篮子商品，也称市场菜篮或消费者套装。一篮子商品代表了普通人可能购买的物品种类。在英国，民众的主食和必需品，如培根、茶、面包、牛奶和汽油，从一开始就被纳入一篮子商品中。选择这些物品是为了反映它们在任何特定时刻，在人们的消费模式中的重要性。但这些都会随着时间的推移而变化，因此，随着流行（或购买模式）的改变，市场菜篮会增减特定的商品和服务。例如，在2015年，酸奶饮料和卫星导航被剔除，而红薯和流媒体音乐频道（例如Spotify）的订阅被添加到一篮子商品中。

这表明酸奶饮料和卫星导航的受欢迎程度下降，而红薯和Spotify的受欢迎程度上升。一篮子商品里还包括水电费的一般金额；交通费，如铁路季票；娱乐费，如有线电视订阅和电影票；儿童保育和护理院费用；一次性大宗采购，如度假、汽车和冰箱；等等。英国在1947年推出的一篮子商品包含了150个项目；到2015年，这个数字已经上升到700多个。

消费者物价指数

我们可以通过监测一篮子商品的价格变化来判断物价是上涨了还是下跌了，这就是所谓的消费者物价指数（CPI）。想象一下，在某一年（第0年），篮子里的商品价格是300欧元；下一年（第一年）的价格是330欧元；再下一年（第二年）的价格是390欧元。

计算CPI需要一个基准年，我们以第0年为基准。CPI的计算方法是：

对于基准年（第 0 年）而言：

$$\frac{\text{本年度成本}}{\text{基准年成本}} \times 100 = \frac{300 \text{ 欧元}}{300 \text{ 欧元}} \times 100 = 100$$

对于下一年（第 1 年）而言：

$$\frac{330 \text{ 欧元}}{300 \text{ 欧元}} \times 100 = 110$$

对于再下一年（第 2 年）而言：

$$\frac{390 \text{ 欧元}}{300 \text{ 欧元}} \times 100 = 130$$

这三年的 CPI 分别为 100、110 和 130。通货膨胀率是根据两年之间的 CPI 之差计算的，所以第一年（第 0 年到第 1 年）的通货膨胀率是（110–100）/ 100=10%；第二年（第 1 年到第 2 年）的通货膨胀率是（130–110）/ 110=20%。

这个国家正走向困境

像任何工具一样，CPI 有其局限性。首先，它没有考虑到消费者的智慧和自主性，他们会随着价格的变化调整消费。如果苹果变得非常昂贵，消费者会减少购买苹果，而更多地购买其他水果。如果早餐麦片变得非常便宜，消费者可能会购买更多的麦片而减少羊角面包的购买。这被称为替代偏差，人们会通过用一种物品代替另一种物品来减少开支。

洞悉我们的生活

通过观察进出"篮子"的物品，可以对日常生活有深入的见解。1952年，洗衣机首次出现；10年后，家用轧布机被剔除；2001年，面包盒被纳入；VHS录像机则在2007年被纳入；2005年增加了移动电话；2014年增加了花园喂鸟器。

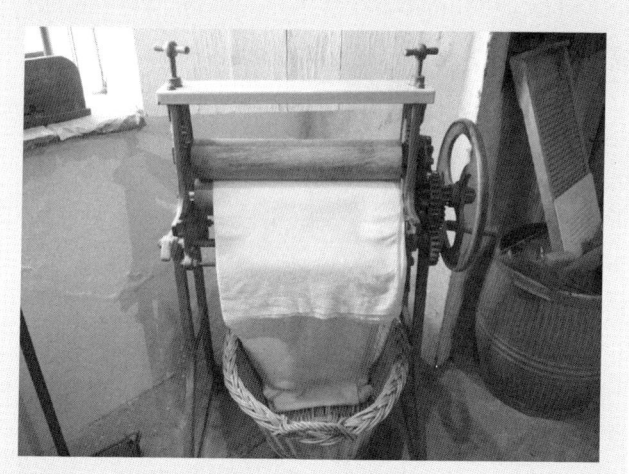

1962年，家用轧布机被剔除出一篮子商品

其次，商品和服务质量的变化没有得到反映。例如，如果技术变革提高了"篮子"中某一物品的质量，但价格保持不变，这对消费者有利。然而，CPI 并不会反映这一点。

为什么价格会上涨？

经济学家经常会关注通货膨胀的两个成因：成本推动型和需求拉动型。

当与生产相关的成本（工资、税收、进口和原材料成本）上升时，就会出现成本推动型通货膨胀。

随着制造或提供服务的成本上升，如果企业要继续盈利，产品的价格也必须提高。因此，成本的上升推高了价格。

当对商品和服务的需求超过现有供给所能满足的程度时，就会发生需求拉动型通货膨胀。然后生产者可以要求更高的价格，出于机会主义，他们一定会这样做。这种情况一般发生在经济增长时期，人们有更多的钱可以消费，而供给满足不了他们的需求。

不良影响

很容易理解为什么人们不喜欢通货膨胀。因为商品的价格更高,同样金额的钱买到的东西变少。当你买不起一些东西时,生活就没有那么多乐趣了。但总体而言,工资会随着通货膨胀上涨,因此,除非通货膨胀出乎意料或失控,否则其影响是很小的。

当通货膨胀来临时,受影响最大的是那些靠固定收入或储蓄生活的人。储蓄的价值为通货膨胀所侵蚀,因为同样数量的存款能买到的东西变少了。

裙摆指数

经济学家发现对特定产品的选择与消费者信心有关联。当人们相信自己的收入不会下降时,就会觉得他们能够买得起一件小的奢侈品。1926年,经济学家乔治·泰勒(George Taylor)提出了"裙摆指数",该指数将女性裙子的长度与股票价格作对比。在繁荣的经济环境中,如20世纪20年代和60年代,裙摆往往会变短。在较差的经济环境中,如20世纪30年代和90年代初,裙摆往往会变长。短发也是繁荣的标志,因为它们需要花费更多的钱来打理。

当通货膨胀率往下降……

一般来说，通货膨胀是经济繁荣的标志：需求拉动型通货膨胀表明人们是富裕的。在近几年的经济动荡中，通货膨胀率一直很低，甚至不存在。通货膨胀的反面是通货紧缩，它发生在物价下跌时。

通货紧缩听起来不错，因为这意味着我们可以用同样的钱买更多的东西。但经济学家和政治家不喜欢通货紧缩。它通常是由货币或信贷供应量的下降引起的，这意味着人们没有能力买那么多商品。因此，价格下降，以吸引人们多花钱。通货紧缩可能导致或促成经济衰退或萧条。随着购买停滞和价格下降，销售的利润也会下降，企业可能不得不裁员和削减生产。失业率上升意味着人们能花的钱更少，所以需求进一步下降。经济陷入需求下降的恶性循环，从而导致价格下降，利润下滑，就业萎缩，需求和支出进一步减少。

20世纪90年代初，日本出现了一段时间的通货紧缩。日本政府将利率降至零，试图刺激消费，但并未迅速产生预期的效果。直到2006年，日本经济才开始复苏。

欧洲和美国在2000—2010年间试图通过量化宽松政策来避免通货紧缩，即创造更多的货币释放到经济中以促进消费。

太多的钱

通货膨胀过多可能比过少更糟糕。

恶性通货膨胀发生在价格上升失去控制的时候。历史上最著名的恶性通货膨胀发生在1921—1924年的德国魏玛共和国时期。德国举债为第一次世界大战提供资金，后果是其货币的国际价值从战争伊始的4.2马克兑换1美元，下降到1919年底的32马克兑换1美元。由于需要用黄金或外国货币支付第一次世界大战的赔款，德国需要不惜一切代价购买外国货币，为此德国印制了越来越多的马克。其结果是，马克的价值进一步下跌，直到1921年底降至330马克兑换1美元。

1922年，为处理战争赔款危机而召开的会议失败了，马克的价值直线下跌，出现了恶性通货膨胀。到了1922年12月，汇率为800马克兑1美元；仅仅11个月后，汇率上升到超过4.2万亿马克兑1美元。到1923年11月，

两头吃苦

滞胀是一个由停滞和通货膨胀两个词组成的混合词。市场停滞意味着经济增长乏力,失业率持续走高。同时,通货膨胀居高不下。这不是一个好的经济环境。在高失业率和增长乏力的情况下,收入跟不上物价的上涨,所以人们的生活水平下降了。

滞胀发生在20世纪70年代的发达国家,当时中东地区开始出现石油危机,并推高了燃料的价格。这意味着大多数商品的价格也上升了,因为用石油制造的产品的成本增加了,用于运输产品的各种形式的运输价格,以及供暖和发电的价格也上涨了。由于物价上涨并未伴随经济增长,工资并没有随着通货膨胀而上升,人们变穷了。20世纪70年代,由于各国央行过度刺激货币供给,滞胀仍在继续,导致物价和工资的螺旋上升。

批发物价指数[①](以1914年为基准年的1)达7 260亿。纸钞以亿、十亿、甚至万亿马克的面额印刷;最大面额的纸币是100万亿马克。到危机结束时,即1923年底,300

---

① 相对于"零售物价指数","批发物价指数"反映不同时期商品批发价格水平变动的趋势和程度。——编者注

家造纸厂和150家印刷公司动用了2 000台印刷机日夜工作来印刷货币。

这对德国人民造成的影响是灾难性的。在恶性通货膨胀之前持有的钱都不值钱了——一幢房子的价格买不到一个面包。一旦人们意识到钱在贬值，就开始迅速消费。这推动了价格的进一步上涨，从而增加了通货膨胀率。起初，富人将他们的钱转移到艺术品、黄金、珠宝和房地产

> "上午11点，汽笛声响起，所有人都聚集在工厂前院，一辆5吨重的卡车驶过来，上面装满了纸币。出纳主管和他的助手们爬上车顶。他们念出名字，然后把一捆捆的纸币扔出去。只要你一抓到钞票，就会冲向最近的商店，买下任何能买的东西。"
>
> 威利·德寇

上，但随后普通人也开始消费，他们什么都买。另一套建立在以物易物基础之上的经济发展起来了。这是实际需要，因为在1923年11月，用货币计算，一个面包要2000亿马克，一个鸡蛋要800亿。这是1914年这些商品成本的5000亿倍。

钞票比印刷用纸便宜

随着局势的恶化，德国人民不得不用手推车运钱。当时已不值钱的纸币被拿来当墙纸用，或给孩子们当手工纸来剪，因为其价值不如真正的玩具。照片显示，人们在炉子里焚烧成捆的纸币（见左图），因为纸币的价值还不如柴火。

工人们在工作开始前领取现金工资，工厂会提前给半个小时的购物时间，以便他们能在工资变得更为一文不值之前将其花掉。有些工

人一天拿三次工资；他们会立即把钱交给在工厂门口等候的亲戚，由他们拿去花掉。一杯咖啡的价格，在喝完这杯咖啡之前就翻了一番。服务员站在桌边，每隔半小时就宣布一次菜单上的新价格。

解决恶性通货膨胀的问题

这种情况最终在1923年11月通过采用新的货币——地租马克得以解决。由于德国当时没有黄金可以支持货币，就以农业和商业用地做抵押。这些土地在1913年被抵押了32亿马克，因此发行了32亿地租马克。1地租马克的价值是4.2美元（第一次世界大战前马克的价值）。新货币的兑换率为1地租马克兑换1万亿旧马克。

没有最糟，只有更糟

德国的恶性通货膨胀非常严重，但津巴布韦的经历更糟糕。1980年推出的津巴布韦元经历了三次官方的重新计价；到最后，第四代津巴布韦元价值10^{25}倍的（1

的后面有25个0)第一代津巴布韦元。2009年4月,津巴布韦元被正式废弃,该国的所有交易都以外币进行,包括美元、南非兰特、英镑、欧元、卢比和人民币。

麦片粥的定价

由于通货膨胀太高和太低都是经济不健康的标志,政府的目标是建立一个"宜居带",即拥有恰到好处的通货膨胀水平,通常认为的是2%—3%左右。此区间允许经济的可控增长,但物价不会超过工资,并有足够的需求让供应商继续扩大产量。

第15章

你是那99%，还是那1%？

不平等是现代经济的灾难。

人们对于谈论不平等问题很警惕。我们可以通过向慈善机构捐款来解决贫困问题，哪怕只是一点点都有帮助。但要解决不平等问题，我们中的一些人必须认识到，与那些几乎一无所有的人相比，我们拥有的太多，而大多数人在思考这个问题时心里都会感到不舒服。

经济学家从以下三个方面考虑不平等问题：

- 收入的差异
- 财富的差异
- 消费的差异

日益扩大的贫富差距

20世纪70年代，美国金字塔顶端1%人口的收入占国民收入的10%左右。现在，他们的收入占到国民收入的20%以上。但是，最顶端的0.1%人口已将其收入占有比例增加到国民收入的8%，几乎与40年前最顶端的1%人口所占有的比例相当。

2005年，沃伦·巴菲特（Warren E. Buffett）和比尔·盖茨（Bill Gates）的财富相当于美国底层40%人口（1.2亿人）

的财富。这不仅仅是美国的问题。这种影响在最接近自由市场模式的资本主义国家最为显著。英国在财富不平等方面正逼近美国。根据乐施会2014年发布的数字,全世界1%的人口拥有46%的财富,最富有的85个人拥有的财富与世界最贫穷的一半人口(35亿人)的财富一样多。

现在你看到了……

2007年,美国人就已经认为他们的国家被分成富人和穷人两个群体。2014年,一项调查的问题包括,美国人认为老板的薪酬和雇员的薪酬之间的比例关系现在是什么,以及应该是什么。

平均而言,人们估计前一个比例约为30:1,而后一个应该是8:1左右,但有些人估计前一个比例高达354:1。平均而言,CEO的薪酬约为1 200万美元(780万英镑),雇员的薪酬约为34 000美元(22 000英镑)。20世纪60年代,美国一般的CEO的收入约为普通员工的20倍;到了2014年,这一比例增加了17倍。

其他国家的情况虽然没有那么糟糕,但也不健康,如下表所示:

国家	实际比例	人们估计的实际比例	人们认为的正常比例
波兰	28:1	13.3:1	5:1
丹麦	48:1	3.7:1	2:1
日本	67:1	10:1	6:1
以色列	76:1	7:1	3.6:1
英国	84:1	13.5:1	5.3:1
澳大利亚	93:1	40:1	8.3:1
法国	104:1	24.2:1	6.7:1
西班牙	127:1	6.7:1	3:1
德国	147:1	16.7:1	6.3:1
瑞士	148:1	12.3:1	5:1
美国	354:1	29.6:1	6.7:1

描绘不平等

洛伦兹曲线（见下页图）描绘了人口累积百分比相对于收入或财富累积百分比之间的关系。在左侧，极小比例的最底层的人赚取了极小比例的收入；而在右侧，所有人都赚取了所有的收入。通过观察最底层的 10% 或最顶层的 20% 所赚取或拥有的百分比，很容易看出社会的不平等程度。例如南非就是个非常不平等的社会。该图显示，2009 年，最底层 20% 的家庭收入不到全国收入的

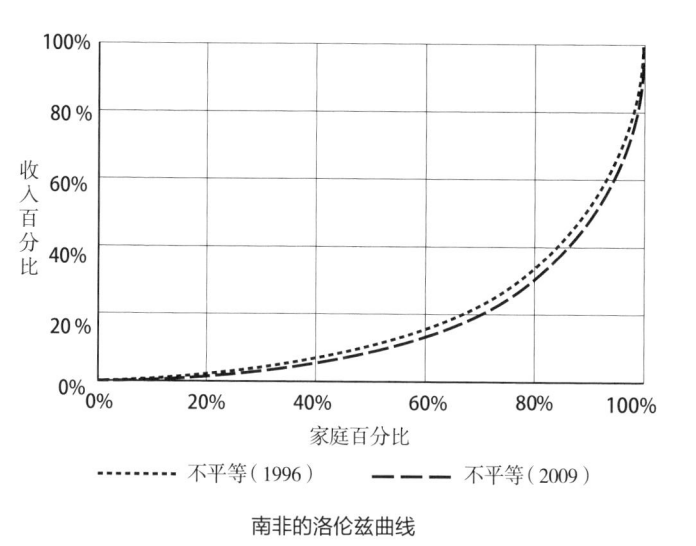

5%，而最顶层10%的家庭收入却占全国收入的50%以上。

```
收入百分比 (纵轴): 0%, 20%, 40%, 60%, 80%, 100%
家庭百分比 (横轴): 0%, 20%, 40%, 60%, 80%, 100%
```

······ 不平等（1996）   − − − 不平等（2009）

南非的洛伦兹曲线

最不平等

有史以来最富有的人之一是墨西哥商业巨头卡洛斯·斯利姆·埃卢（Carlos Slim Helú），他拥有横跨诸多领域的大量企业，从土木工程、电信、音乐到医疗保健。他持有的股份占墨西哥证券交易所的40%左右。他以720亿美元的个人财富名列2014年《福布斯》富豪榜第二位；他曾将40亿美元捐赠给慈善事业。

从 0% 家庭 / 0% 收入到 100% 家庭 / 100% 收入，以 45° 画一条直线，显示在一个人人收入相同、完全平等的社会中，曲线会是怎样的。沿着这条直线，20% 的人赚取 20% 的收入，50% 的人赚取 50% 的收入，以此类推，每个百分点的人赚取一个百分点的收入。

衡量不平等的基尼系数

在下图中，平等的直线和洛伦兹曲线之间的差异代表了一个社会中的不平等程度。通过比较洛伦兹曲线下的面积和直线下的面积，我们可以得到一个收入不平等的衡量标准，被称为基尼系数。这个衡量标准是由意大

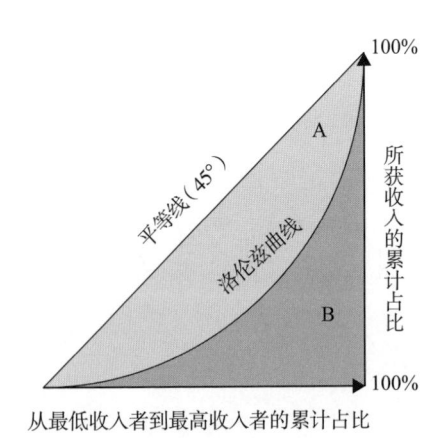

从最低收入者到最高收入者的累计占比

利经济学家科拉多·基尼（Corrado Gini）在 1912 年提出的。

基尼系数以 0 到 1 之间的数字表示（有时也在 0 到 100 之间），显示实际的洛伦兹曲线与完全平等状况（直线图）之间的差异。

G（基尼系数）＝ A ÷ (A+B)

基尼系数为 0 意味着平等的经济，每个人的收入或拥有的财富相同。系数为 1 表示绝对不平等，即一切由一个人拥有或赚取。

> "我们没有穷人。我们绝大多数人都是劳动者；我们的富人，不需要劳动（无论是体力劳动还是专业劳动）就能生活的人很少，而且财富也不算多。大多数劳动阶级拥有房产，种自己的地，有家庭，并且富人和有能力的人对劳动阶层的劳动有需求，他们可以从中获得适当的报酬，这足以使他们吃得饱，穿得好，适度地劳动并养家糊口。还有什么社会形势能比这更令人向往的呢？"
>
> 托马斯·杰斐逊

谁更加平等，谁又更加不平等？

以基尼系数作为基准衡量不平等，世界上最不平等的国家直到最近还是南非，2011 年其基尼系数为 0.65（世界银行的统计数字)。与此同时，中国的基尼系数为0.37，美国的基尼系数约为0.41。大多数主要经济体的基尼系数都在 0.3 — 0.5 之间。

根据计算时是否计入税收和福利，该系数会有所不同。由于这些做法是为了使社会更加平等，如果税收和福利被纳入计算，

棚户区赤裸裸地提醒我们贫富之间存在的巨大鸿沟

系数一般会降低。例如，法国的基尼系数为 0.485，税后降至 0.293；英国则从 0.456 降至 0.345，所以英国的税收制度在创造平等方面不如法国的税收制度。

美国的税前基尼系数几乎与法国相同，为 0.486，但征税后并没有减少那么多：其税后基尼系数依然有 0.380。

我们是如何走向不平等的?

不平等现象恶化得很快。经济学家列举了几个原

因,包括:全球化,越来越多地使用技术以及新自由主义政治。

全球化是随着科技进步和运输的改善而出现的。公司的商品不再局限于当地或国内市场,而是可以轻松地在世界各地销售。现在有一个由约10亿中产阶级组成的全球市场,他们有许多钱可以花。由于大量生产而形成的规模经济,制造商的每件产品的生产成本降低。通过在靠近原材料产地和劳动力价格低的国家建厂,他们通常也可以用更低的成本制造商品。增加的利润流入股东手中,使股东们更加富有。

技术也使得用更少的工人生产更多的产品成为可能。生产资料的平衡从劳动力转移到资本。由于花在劳动力上的钱少了,花在购买技术上的钱多了,更多的钱流向了其他大公司,而流向工人个人的钱变少了。如此反复,钱就在其拥有者那里持续积累。

新自由主义政治倾向于支持市场,所以对企业主的帮助大于对工人的帮助。近年来助长不平等的政策如下:

放松监管:减少对公司行为的限制,给它们更多营利的自由,而不考虑工人、环境或民众的利益。

私有化国有产业和资源:将这些产业和资源的所有

权和管理权转移到私人手中,导致其为股东创造利润,而不再是让全体人民受益。

降低税收:旨在鼓励投资企业和创业。高收入者保留更多的收入,而投向公共产品的支出减少,因为政府可以支出的税收变少了。

对工会工人的保护较少:如果工人不能通过工会提出要求,如更高的工资或更好的工作条件来"扭曲"市场,那么市场的自由度就会更大。

最后,文化的转变使我们对收入的巨大差异更加宽容。随着贫富差距的扩大,不平等也成了常态。

不平等真的算问题吗?

非常富有的人经常为自己的处境辩护,他们认为自己创造了财富,所以应该有权获得他们所创造的大部分利润。

有人说,他们不应该有纳税义务,因为创造财富本身就有利于社会,而且许多富人会通过慈善捐款来援助穷人(指许多美国富人有从事慈善活动的传统)。道德和权利当然值得讨论,但比较客观的看法是,高度的不平等会破坏社会稳定，无法长期维持。许多经济观点都指出，如果允许资本主义创造不受限制的不平等，那么，它们最终就会破坏其本身。

限制性因素

不加遏制的不平等将导致灾难的观念并不新鲜。在 19 世纪，英国政治经济学家大卫·李嘉图（David Ricardo）和政治哲学家卡尔·马克思认为，一小部分精英分子将在所有生产的产品中占据越来越大的份额。在李嘉图看来，精英就是地主；对马克思来说，他们是工厂主，即工业资本家。李嘉图认为，随着人口的增加，土地将越来越稀缺，因此会变得更有价值，所以地主将会对其使用收取更高的租金。越来越多的财富将流向地主的口袋。

马克思看问题的方式略有不同。在他写作的 19 世纪中期，城市贫民触目惊心的惨状随处可见。土地不再是人们关注的焦点。相反，马克思看到了对儿童和年迈工人的可怕剥削，他们在危险的环境下长时间工作，生活在极端贫困中，而工厂主却在无休止地发财。他预言，工厂主无情地积累资本的道路，只有当无产阶级（普通人）的绝望导致他们反抗时，才会结束。

顺其自然

与李嘉图和马克思的观点相反的是，只要有时间，市场就会自己解决不平等的问题。这就是均衡原则，它相信如果给市场一个机会找到自己的均衡水平，它就能达到均衡。在这种情况下，亚当·斯密所谓的"看不见的手"会引导市场，最终让一切都好起来。

这个理论面临着几个问题，尤其受注意的是它可能是不人道的。如果市场需要50年的时间才能找到自己的均衡水平，那么在等待过程中，数百万人将忍受悲惨的贫困生活。这也是一个未经检验的理论，即我们不得不拿整个世界的福利做赌注，验证它最终是否是正确的。

> "就我们所知，机会平等已经不复存在；我们正在稳步走向寡头政治，如果我们还没有到那一步的话。"
>
> 富兰克林·罗斯福
> （Franklin Delano Roosevelt）

找出模式

经济学的基础是统计——经过严格收集和处理的数据来实现。但这种信息所涵盖的时间范围相当短。美国直到1913年才开始征收所得税,所以在这之前没有纳税申报资料可以看出人们的收入水平。

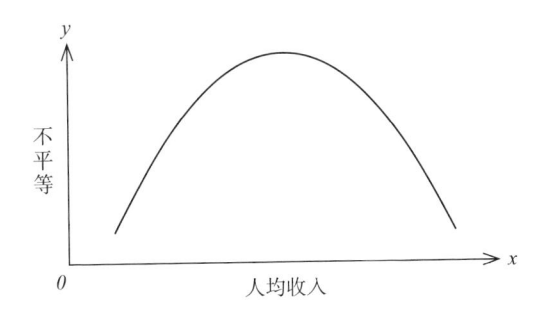

由于美国经济学家只有100年的数据可用。1955年,美国经济学家西蒙·库兹涅茨(Simon Smith Kuznets)根据数据(当时有50年的数据)绘制了一张图表,显示出不平等的钟形曲线。1910年,不平等的水平相对较低,然后在20世纪20年代上升到一个高点,并在50年代再次下降。在此基础上,库兹涅茨提出,成长中的经济体将经历这个极端不平等的阶段,然后再稳定到一个可持续的平等水平。不平等是遵循钟形

> "于是，随着大工业的发展，资产阶级赖以生产和占有产品的基础本身也就从它的脚下被挖掉了。它首先生产的是它自身的掘墓人。资产阶级的灭亡和无产阶级的胜利是同样不可避免的。"
>
> 卡尔·马克思，《共产党宣言》

（以低水平结束）还是 U 形（以高水平结束），取决于你观察的是曲线的哪一段。

当然，我们仍然不知道接下来的走向。法国经济学家托马斯·皮凯蒂（Thomas Piketty）提出，库兹涅茨的模型是完全错误的，被两次世界大战的影响和中间的经济萧条扭曲了（见下图）。

最顶层的 1% 人口的收入占比

富者越富……

一些经济学家认为,富者越富、穷者越穷的趋势将继续下去。加拿大经济学家迈尔斯·科拉克(Miles Corak)发现,随着收入不平等加剧,社会流动性随之下降。前白宫经济顾问委员会主席阿兰·克鲁格(Alan B. Krueger)将这一现象称为"了不起的盖茨比曲线",盖茨比指的是弗朗西斯·斯科特·菲茨杰拉德(Francis Scott Key Fitzgerald)1925年的小说中白手起家的百万富翁杰伊·盖茨比。

> "拖垮我们整个经济的,是超级富豪和其他人之间存在着的巨大鸿沟。"
>
> 美国第44任总统贝拉克·奥巴马(Barack Hussein Obama)

2008年,7 000亿美元(4 530亿英镑)的现金注入才将华尔街(纽约证券交易所)从经济崩溃的最坏后果中拯救出来。经济学家伊曼纽尔·赛斯(Emmanuel Saez)和托马斯·皮凯蒂在分析这一结果时发现,2009—2010年的经济复苏所带来的收入,其中93%落入了最顶层的1%的纳税人手中,37%落入了最顶层的

0.01%的纳税人手中,每个富裕家庭平均获得420万美元(270万英镑)。

> **裙带资本主义**
>
> 当商人和政治家之间的密切关系,导致有利于商业活动的立法时,通常被称为"裙带资本主义"。其特点是通过游说和个人关系而不是通过独立、客观的政治和经济推理过程来实现的政策,如为企业减税、向私营企业出售国家资产、政府对企业的拨款等。

第16章 为什么有些国家花钱让农民休耕?

奖励农民空置田地的「休耕补助金」,其原因是什么?

欧盟有许多法规和政策用以保护其成员国内部的商人，但其中听起来最奇怪的，莫过于支付补助金给农民，要他们不要耕种作物或饲养牲畜。

保护性共同农业政策

共同农业政策（CAP）于1958年出台，旨在提高欧洲经济共同体（EEC）[①] 国家的农业效率。其目的是保证农民的产品有合理的价格，并通过生产更多质量更好的农产品造福消费者。它有以下5个目标：

- 提高农业的生产力
- 确保农民有合理的生活水准
- 稳定农产品市场
- 保证粮食供应
- 确保给消费者提供合理的价格

该政策保证了农作物的最低价格，无论他们生产多

---

① 1957年3月25日，法国、联邦德国、意大利、荷兰、比利时和卢森堡6国在罗马签订了《建立欧洲经济共同体条约》，1958年1月1日欧洲经济共同体成立。1993年，欧洲经济共同体更名为欧洲共同体，作为同年成立的欧盟的一部分。——编者注

少，农民可以选择将农产品在公开市场上出售（在那里他们可能会得到比最低价格更高的价格）或出售给欧洲经济共同体。欧洲经济共同体承诺以保证的最低价格收购任何数量的产品。因此，如果公开市场的交易情况出现困难，农民也不必担心，他们可以根据欧洲经济共同体规定的价格来制定预算。

理论上，如果有一年农产品过剩，欧洲经济共同体会在收购之后将其储存起来，直到该种产品出现短缺；然后欧洲经济共同体将出售之前储存的过剩产品，保护消费者在这些时候不受涨价的影响。但是，高额收购的保证导致农民的过度生产，因为无论他们种植多少，都有一个保证的市场来购买他们的产品。

黄油山和牛奶湖

生产过剩导致未售出的牛奶"成湖",多余的黄油"成山"。欧洲经济共同体有义务以商定的价格收购过剩的库存,却留下了难以处理的粮食。可选择的处理方式并不多,这些粮食可能:

- 被丢弃或销毁
- 被当作农场中的动物饲料
- 赠予或廉价出售给欧洲经济共同体以外的国家

销毁粮食是不可取的,尤其是在有人挨饿的时候。许多粮食被非常便宜地卖给了当时的苏联和发展中经济体,有些剩余的库存则被卖回给欧洲经济共同体的农民喂养牲畜。所有这些措施都引起了欧洲经济共同体粮食消费者的不满,他们在商店里高价购买的粮食,早就通过缴纳给欧洲经济共同体的税收给予过补贴了。税收首先被用于补贴农民,其次被用来购买多余的粮食。

即使在获得廉价或免费粮食的国家,这一制度也有缺点。由于农民无法在价格上竞争,因此发现出售自己的农产品要困难得多。因为无法保证来自海外的廉价或免费食品的供给不会突然枯竭。有些人被赶出了行业，增加了贫困人口数量，从而引发了一个不确定的未来。

够了够了

1984年，配额制度被引入，以限制牛奶的产量。每个欧洲经济共同体国家都会分配到一个牛奶配额，然后在国内的奶农间分摊。如果农民不想生产那么多牛奶，他们可以把配额卖掉。配额提供了一种控制价格的廉价方式，因为不需要支付补贴；而有限的供给能使价格保持在足够高的水平。

欧洲经济共同体还以关税（税收）的形式实施进口限制。这些措施人为地提高了海外农产品的价格，因此不受世界其他地方农民的欢迎。例如，对新西兰羊肉征收的关税，保护了欧洲羊农免受低价竞争。

更多或更少的控制

一些欧盟成员国正在考虑离开欧盟，自己缔结更自由的贸易协定。他们认为，被束缚在这样一个严格控制的组织中弊大于利。

所有国家都面临着同样的问题,即需要在鼓励与其他国家进行自由贸易以扩大其出口市场,和阻止可能使本国生产商处于不利地位的廉价进口商品进入之间取得平衡。例如,美国与20个国家(主要是加拿大以及拉丁美洲和南美洲的国家)签订了贸易协定。它还在与欧盟(跨大西洋贸易和投资伙伴关系)和亚洲及太平洋国家(跨太平洋伙伴关系)就区域贸易协定谈判。

拿钱却什么都不用做

1992年,欧洲经济共同体推出了休耕补助金。这些补助支付给有地可耕的农民,让他们不耕种,以防止生产过剩。如果农民能种多少就种多少,要么市场价格太低,无法保证他们有良好的收入水平;要么欧洲经济共同体将不得不购买和处理过剩的作物。那还不如打从一开始就不用处理这些农产品。这是通过付钱给农民,让他们不要耕种,让土地闲置(被称为"休耕")来实现的。农民必须让土地轮流闲置,以避免同样区域年复一年地不耕种。

取消共同农业政策

取消共同农业政策的保护将迫使许多小农户破产，因为他们无法从大型农场所享有的规模经济中获益（见下文方框内容）。有些农场的土地相对贫瘠，例如威尔士的丘陵地区，若无补贴购买的肥料等支持，这些作物就会难以生存。在自由市场上，这些农场可能会破产，这既在政治上不得人心，而且从长远来看也许是鲁莽的。确保欧盟内部的食品供给很重要。如果欧盟在未来的战争或自然灾害中无法为其成员国提供粮食，那该地区将被迫在公开市场上购买高价的农产品。

规模经济

大量生产通常比少量生产更划算。生产价格包括生产准备成本（例如购买和安装机器），无论生产多少物品都必须支付，以及供给（如原材料）的价格，如果大量购买，通常会更便宜。如果这些"固定成本"可以在大量的产品中被分摊，产品就会变得更便宜。这就是所谓的规模经济。

取消补贴和解除进口限制将为欧盟节省大量的资

金。有些经济学家认为，这不会影响那些成功农场的盈利能力，而消费者也会因为价格下降而受益。然而，取消补贴意味着继续经营的农民从其农产品中得到的收益减少，且农田的价格可能会下跌，因为其前景堪忧。生产力低下的小型农场甚至会退出市场。

从共同农业政策中受益最多的国家，也就是接受补贴最多的国家，它们强烈支持保持现有的制度，反对减少任何补贴。这些国家的代表是法国，农业在该国农村经济中占很大比例，因此，农民和农场工人代表了一个强大的游说团体。其他国家则认为，他们受到了不公平的惩罚，因为他们不得不向这个计划付费，而他们从中得到的回报却很少，并且人为地保持高价对其国内消费者不利。

其他共同农业政策

美国和加拿大也对农民进行程度不同的补贴。在美国，补贴占农民收入的15%左右，在加拿大占20%。在欧盟，补贴约占农业收入的30%，但在其他地方，这一比例甚至更高。例如，在日本，这一比例超过50%，在瑞士（不属于欧盟），这一比例接近70%。

第17章 现金要退出市场了吗?

它是否已经过时了?

随着电子转账方式成为主流,"硬通货"在经济中的比重越来越小。尽管如此,流通中的现金数量仍在增长。2008—2013年间,使用中的英国英镑纸币的价值增加了29%,流通中的欧元价值增加了34%。2007—2012年间,流通中的美元价值增加了42%。随着无现金卡的出现,信用卡和借记卡使用的增加,以及网上购物的稳步增长,使用现金的日子就要到头了吗?如果是的话,这要紧吗?

现金简史

以物易物是一种有问题的贸易形式,因为它取决于双方是否同时想要价值类似的物品。例如,一个农民可能有小猪,他急于要在开始花钱喂养它们之前卖出,尽管他可能想要交换几袋小麦,但小麦此时还未收割。大约8000年前,为了解决这个问题,古苏美尔、巴比伦和美索不达米亚地区出现一种泥板系统,商定的交易被写在这些被称为"bulla"的泥板上。在这种情况下,"价格"(两袋小麦)被明确标出。交易双方各持一半的泥板,小猪(在这种情况下)被移交给了对方。一旦小麦收割,养猪人就把他的那一半泥板交给麦农，并得到麦农承诺的两袋小麦。随着时间的推移，这些泥板本身就可以进行交易了。

在古代中国，贝壳被用来作为贸易的代币。大约在公元前1000年，中国人从使用真正的贝壳转向使用金属复制品作为他们的货币。公元前800年，他们开始采用"铲"币和"刀"币，即小型的工具复制品，以不同的重量代表不同的价值。在唐宪宗时期（公元805—820年），中国人率先设计出了纸币，但他们并未第一个创造出硬币。第一枚硬币很可能出现在公元前640年左右

承诺付款给持票人

在古代美索不达米亚，用楔形文字刻成的泥板记录了商品在国家和寺庙仓库的存放情况，并被用作交换的记录和一种"期票"。储存粮食的记录可以用来购买其他东西，而新的接受者可以用泥板来收回储存的物品。现存最早的法典，即公元前1760年的巴比伦汉穆拉比法典，规定了这些契约的使用和交易。

的小亚细亚，由一种叫作琥珀金的金银合金制成。希腊语地区的其他地方很快就采用了这个发明。

纸币的发明是由于铸造硬币所需的铜出现短缺。但人们对纸币的兴趣相对短暂：制造纸币的便利性意味着当局有可能屈服于有需要就印钞的诱惑，从而导致通货膨胀，经济失控。因此，中国人在很多个世纪里都不再印制纸币。

1661年，经瑞典政府批准，斯德哥尔摩银行家约翰·帕姆斯特鲁奇在瑞典发行了第一批欧洲纸币。但不久，他印的钞票数量就远超自己能用以将其赎回的银币储蓄。1668年，他因欺诈被起诉，并被判处死刑（尽管后来被改判为监禁）。

银块

银块，顾名思义，是一种通过将银子切割成碎块制成的货币。古代挪威人通常把它和硬币一起作为货币使用，因为它来自他们掠夺来的战利品。

银器，包括盘子、珠宝、宗教物品，被打碎后按重量估价，用于贸易和商业。俄罗斯货币单位的名称"卢布"（rouble）来自俄语动词 рубить（rubit），意思是"剁碎"。

金本位制

纸币的不良记录并不能阻止其广泛使用的步伐。仅靠贵金属是不可能满足现金需求的,所以第一批国家银行出现了,并开始发行比帕姆斯特鲁奇所发行的更可靠的承兑票据。通货膨胀虽然基本上被"金本位制"控制住了,但危险仍然存在。金本位制将每个国家的货币与独立设定的黄金价格挂钩。实际上,这意味着有一个固定的汇率。在美国,1834—1933 年间,黄金的价格是每盎司 20.67 美元;而在英国的价格是每盎司 3 英镑 17 先令 10.5 便士。这意味着 1 英镑价值 4.867 美元。只要没有参与国决定大规模地超印纸币,这套制度就能奏效。

金本位制在第一次世界大战前后瓦解,当时各国都超印纸币来为战争提供资金。战后,又恢复了这个制度。英国在 1931 年经济衰退时退出了金本位制,因为当时英镑遭到挤兑,无法在不耗尽国家黄金储备的情况下维持英镑的价格。

这样一来,英镑贬值,英国经济得以恢复。金本位制最终在 1971 年崩溃,因为当时美国收回了以每盎司黄金 35 美元(22.50 英镑)的价格赎回海外美元的承诺。

> **英镑的磅**
>
> 英国的"英镑"是最早创立的目前仍在使用的货币。英镑从1560年开始存在,当时伊丽莎白一世女王将其价值定为一金衡制磅(约373克)的银。"英镑"一词最早出现于1078年,表示现有品质最纯的银(纯度约为99%,也被称为"纯银")。

然后……

可以说,现金的全盛时期随着支票的出现而结束。罗马人在公元前1世纪使用了类似的东西,叫作 *praescriptiones*;9世纪的阿拉伯人和中世纪的欧洲人也使用了类似的汇票。

现存最早的现代风格支票是手写的,可以追溯到1659年。1717年,英格兰银行成了第一个发行预印的书写支票表格的银行。大规模使用支票是在1959年之后,当时,可机读字符集使自动处理大量的支票成为可能。随着1969年支票保付卡的问世,零售商确信,即使账户持有人手头没有资金,支票也会被承兑。(银行负责向账户持有人追讨这笔钱。）在大多数国家，支票的使用在20世纪八九十年代达到顶峰，当时支票成为仅次于现金的最流行的支付方式。

尽管每年有数十亿张支票被处理，但现金仍然保持着自己的地位。

再后来……

20世纪90年代中期，银行逐步淘汰了支票保付卡，取而代之的是借记卡。客户仍然必须在每笔交易中签字，就像使用支票一样。借记卡和信用卡都装有电子微芯片，上面储存了个人识别码（PIN），此系统被称为"芯片和密码"。这种方法被认为更安全，因为它不需要签名（签名可以伪造），而且密码只有持卡人知道。

网上购物、电子银行转账和安全的网上支付方式（如Paypal）的流行也对现金使用造成了巨大冲击。如今，人们不再用现金在商店付款，而是越来越多地在网上用银行卡或Paypal付款购买来自世界各地的商品，而不需要在货币之间转换。借记卡和信用卡也可以在国际上使用，因此旅行者出国旅行时不太需要携带外币了。

……现金不复存在了？

通过非接触式支付卡和移动电话或其他手持设备进行购物，意味着如今携带现金的需求更少了——即使是购买小额物品。一些统计数据显示了现金的使用是如何下降的：

- 很长一段时间以来，使用现金的支付额一直远远低于无现金的支付额。而早在2003年，英国的信用卡和借记卡的销售额就超过了现金销售额
- 2015年，使用借记卡和信用卡的消费者销售额是现金销售额的3倍
- 2015年3月初，英国使用现金进行的交易数量首次低于使用无现金支付方式的交易数量
- 如果将所有交易纳入，包括大型组织和银行之间的交易，2014年英国的现金交易额为2 600亿英镑，但自动化交易额为766 430亿英镑，后者是前者的30倍之多

肮脏的钱

现金很重而且不安全（可能会丢失或被盗）。清点现金要比刷卡更费力气，而且现金很脏。一张只属于你自己的卡片似乎更安全、方便和卫生。

大多数人都听说过纸币被可卡因污染的都市传说。1994年，美国洛杉矶第九巡回上诉法院的一项研究发现，4张纸币中就有3张被可卡因或其他毒品污染。其他地方也有类似的发现，一项针对全英国的研究发现，纸币的污染率为80%。1999年伦敦的情况更糟糕——在测试的500张纸币中只有4张不含可卡因。

最后退场的

尽管人们仍然使用现金购物，但数量在不断减少。停车计时器、自动售货机和其他机械支付装置，正逐渐支持手机支付或刷卡支付。在许多地方，公共汽车和其他形式的公共交通仍然接收现金（伦敦的公交车自2014年起开始不收现金），但非接触式支付卡正在变得越来越普遍。以现金为基础的自动售货机可能也时日无多了，因为收集硬币和纸币,并存入银行的成本很高。目前,独立的商人,如街角店主、报刊亭、市场和街头小贩,仍然喜欢用现金交易,因为信用卡公司和银行征收的费用太高。还有就是违法交易:例如,交易员要求用现金支付以逃避纳税义务。

破碎的纸币

在德国,货币确实碰到了字面意义上破碎的问题,有些欧元纸币从自动取款机提取后开始碎裂。结果发现,这些纸币被东欧的冰毒污染了,而冰毒含有大量的硫酸盐。硫酸盐与处理现金的人的汗水混合,便会产生硫酸,从而分解纸币的结构。

现金的一大优势是其具有匿名性。但是因其使用量的减少,使得用现金支付昂贵物品的行为显得有点可疑。在历史的奇异转折中,携带现金曾经是财富的标志,而现在似乎是处于社会边缘的标志,甚至可能意味着相当贫穷。

在瑞典(该国在实现无现金经济方面走得最远),随着电子支付方式的兴起,银行抢劫案的数量急剧下降,从2008年的110起下降到3年后的16起。大多数瑞典银行都不再处理现金业务了。这一趋势正在为英国和欧洲的银行所采纳，从拆除银行柜台的安全玻璃中可见一斑，因为出纳员不再处理大量的现金，所以现在没有必要再使用安全玻璃了。

值得吗？

现金的制造和配送成本很高，商店必须支付安全存储和安全转移现金到银行的费用；处理和移动现金需要时间。2015年的一项研究发现，如果美国放弃使用现金，GDP将增加0.47%。这听起来不多，但据说当年的GDP为18.24万亿美元，而这个数字的0.47%相当于857.28亿美元。

在实行负利率的国家，如丹麦和瑞士（截至2018年），消费者使用现金的成本最高。这意味着储户只是把钱存在银行里就要付出代价。在丹麦，–0.65%的储蓄利率意味着人们把现金放在床垫下才更明智。

现金最少的国家

在逐渐淘汰现金的国家中,瑞典以仅有 3% 的现金交易额名列首位,索马里兰(索马里的一个自治区)紧随其后,在那里,用手机购物几乎比世界上任何地方都要普遍,甚至街头小贩都用手机支付。

在肯尼亚,M-pesa 移动货币系统有 1 500 万用户。它不仅用于小额支付,还用于支付工资、学费和日常账单。

加拿大决定从 2012 年起停止印钞,改用塑料钞票(尽管它们仍然是现金)。大多数加拿大人(56%)更愿意使用电子钱包而不是现金。

专家预测,第一个完全无现金的国家将在 2030 年出现,甚至更早。

第18章 金融危机是如何发生的?

2008年,世界货币市场的脆弱性显露无余。

在2008年之前10年蓬勃的经济发展，几乎是以注射了类固醇似的速度在增长。然而美国印地麦克银行的倒闭是金融市场出现可怕问题的第一个迹象。印地麦克银行倒闭后，更多的银行和金融机构相继倒闭，其影响迅速蔓延到世界各地。这对企业和个人造成了灾难性影响。尽管政府对一些主要的金融机构进行了救助，以防止银行系统完全崩溃，但这次金融危机导致了世界范围内的经济衰退，这比20世纪30年代大萧条以来的任何一次经济衰退都要严重。

无中生有地创造货币

经济学家们对这次金融危机的复杂且相互关联的成因争论不休，但他们普遍认为，问题在于金融业的贪婪、过度自信和监管不足，导致一个庞大而不稳定的市场建立在非常不安全的基础上。事实上，金融市场的价值比其背后的真实商品和服务的价值要大很多倍。

这一次经济衰退始于住房问题，以及2007年美国房地产价值的下跌。但在此之前，由于银行发放贷款不谨慎，创造了太多的额外资金，为灾难埋下了伏笔。每次银行放贷,基本上都是在无中生有地创造货币。

2000—2007年间,英国经济中的资金和债务总额翻了一番,但只有8%的"新"资金进入了金融业以外的行业。其余的都进入了以下领域:住宅地产(约31%),商业地产(20%);金融市场(32%);个人贷款和信用卡(8%)。其他经济体的情况也相去不远。

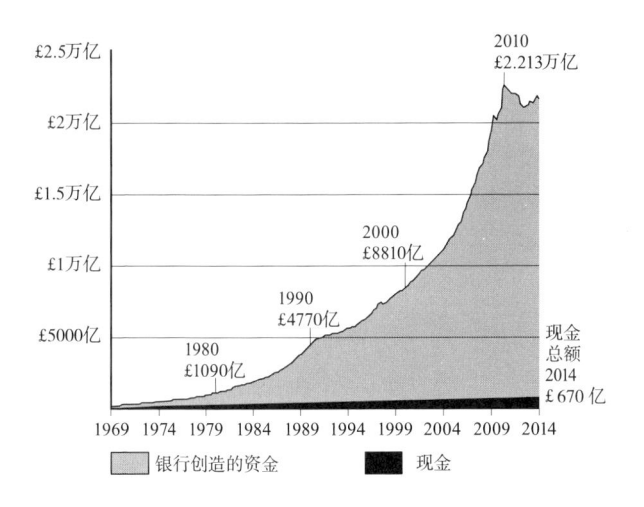

图表数据:
- 1980: £1090亿
- 1990: £4770亿
- 2000: £8810亿
- 2010: £2.213万亿
- 现金总额 2014: £670亿

图例:银行创造的资金 / 现金

次级抵押贷款

过去,如果潜在的购房者想获得抵押贷款,放款人将评估房产的价值、申请人的收入和分期偿还抵押贷款的能力。如果申请人的工资太低，则意味着他们可能难以持续还款；或者如果他们有不良信用记录，就可能会违约；或者如果房价过高，可能会随着时间的推移而贬值，只要有3种情况中至少一种，那么贷款申请就会被拒绝。从财务角度来说，这都是合理的。

20世纪90年代，随着住房需求的增加，房地产的价格稳步攀升。金融业者看不出这种趋势有何理由不会持续下去。这使得为购买住房放贷，甚至是有风险的贷款，都显得很有吸引力。一些美国银行于是开始提供高风险贷款，他们把钱借给违约概率高于平均水平的人。这些贷款被称为"次级"抵押贷款。这是假设房屋的价格会一直上涨，因此，如果客户违约，房屋将被收回并出售，从而弥补未偿还的贷款。这似乎是个为银行创造额外收入而又没有什么额外风险的简单而有效的方法。

鸡蛋不要放在一个篮子里

银行认为，如果把有风险的债务打包在一起，风险就会降低，所以他们把次级抵押贷款集中起来。其理论是，即使美国某个地区的房地产价值下降，其他地区的房地产价值也不会跟着下跌。通过打包来自全国各地的贷款，风险将被分散，市场的局部波动也不会对银行有什么影响。

汇集起来的抵押贷款被用来担保名为"抵押债券"（CDOs）的证券。它们根据评估的风险被划分为不同的档次。这意味着所有最不可能违约的抵押贷款被打包在一起，所有最可能违约的抵押贷款被打包在一起，两者之间还存在许多其他打包方式的组合。那些被认为是最安全的抵押贷款被赋予了AAA的评级，代表它们是安全的赌注。这个评级是由可信的代理人给出的，但他们却受雇于创建CDOs的银行。不出所料，他们对安全性的评估过于宽松。

那些篮子的市场

由于利率低，投资者热衷于寻找高于平均回报利率的投资选项。而CDOs正是这种选项。风险被很好地隐藏在集合和分级中，最终的产品似乎与那些生活艰难、早些年根本不可能借到抵押贷款的人毫无关系。但整个体系就是建立在这些人不安稳的住宅价格之上。

CDOs是如此具有吸引力，以至于许多投资者利用资金杠杆来购买，即以低利率借贷，以高利率投资，并期望从利率差中获利。然而，如果投资没有回报，贷款依然得偿还。这些抵押债券在美国和国际的机构间进行交易。

篮子破了

当美国房产价格下跌时，CDOs系统就崩溃了。而且，房产价值的下降并不只是在不同地区零星发生，而是无处不在。随着借款人的违约，脆弱的次级抵押贷款成为经济衰退的牺牲品。无论是业主还是银行都无法以足够高的价格出售房屋，从而弥补贷款的价值。随着房价的下跌，出现了严重的负资产问题——现在房屋的价值低于当初买房时获得的抵押贷款。

杠杆（也称为"资产负债率"）

杠杆是一种最大化利润或损失的手段。通常情况下，它涉及对利率、产品或商品的价值和未来价值的投机。一个人在房子上付了定金并办理了抵押贷款，就是在利用他们的储蓄作杠杆，他们赌的是房子的价值会随着时间的推移而上升，所以他们最终会拥有更多而不是更少的资产。

负资产只有在业主因无力偿还债务需要抛售房产时才会成为问题。高风险的借款人拖欠抵押贷款，因为他们不能简单地卖掉房子并搬家。而抵押贷款机构面临着损失，这意味着CDOs失去了价值。不管这些CDOs是如何被打包和分级的，它们并不像银行所宣称的那样安全，很快它们就一文不值。如果它们真的转手了，也是以最低的价格出售。

银行发现自己的资本价值下跌了。尽管大多数处于链条底端的借款人（抵押贷款人）可能根本不会违约，但这种情况还是发生了。市场是建立在他们不会违约的假设之上的，而这种假设的价值已经暴跌。实际上，这是一个建立在虚无之上的市场。

流动性危机

次级抵押贷款的崩溃导致了流动性危机。金融机构竭力将其持有的贷款形式的资产（以及越来越多被收回的房屋）转化为现金。在价值下降之后，违约房屋的价值往往低于购房时的贷款。即使银行设法卖掉这些房子，在一个日益萧条的市场上，他们仍然无法收回所有被拖欠的资金。

信用违约掉期（CDS），也就是金融资产的违约保险，是链条上的另一个薄弱环节。这些保险是为了防止借款人违约未还款而购买的。如果你借给一个朋友1 000美元，你可以购买保险避开贷款未被偿还的风险。如果你的朋友违约，保险公司就会赔付。如果你的朋友没有违约，保险公司将保留你付的保费。因为存在信用违约互换，一旦链条开始断裂，保险公司和银行就都会在赔付的负担下崩溃。就在雷曼兄弟宣布破产的几天后，保险公司AIG也倒闭了，它就是为其所承保的大量信用违约风险所拖垮的。

雷曼兄弟的倒闭不仅是其员工和投资者的灾难，也是整体经济的灾难。由于意识到即使是最大的银行也只能任其倒闭，所有的金融机构都惊慌失措，停止放贷。由于无法获得贷款，即使是那些尽责管理财务的企业也会陷入困境。他们可能只是想借点钱用于扩张计划的实施，或在短期内用于经营，但即使借款人安全可靠，银行也不再愿意放贷。这种情况像滚雪球一样越滚越大，企业的发展速度放缓，或者无法为日常交易融资，他们开始裁员。随着失业率的增加，人们的购买力下降，制造业进一步衰退，更多的人被解雇。经济衰退就此展开。

尽管银行缺乏向借款人放贷的信心或资金，但他们仍然期望之前资助的企业和个人能够偿还贷款和所欠利息。正如银行放贷创造了货币一样，还贷则等同于销毁货币。随着贷款的偿还，钱就被从经济中抽走了。

纾困与回补

为了防止经济的灾难性崩溃，主要的西方国家政府被迫救助大型银行。政府认为这些银行"大到不能倒"，所以不得不提供它们所需的资金，或者将其收归国有（将其纳入公共所有）。为了给这些措施拨款，政府本身不得不借钱，例如，通过发行债券，这导致了大量的国债产生。为了偿还这些债务，政府削减了公共拨款，导致公共服务和福利或津贴的减少，这被称为"紧缩措施"。

该怪谁？

银行和金融业显然有责任。他们承接了大量的债务来为投资提供资金，却不能确定他们自己是否有足够的回旋余地来消化市场上的任何损失或变化。贪婪、自满和错付的信任是问题的根源所在。然而，银行并不是在真空中运营。监管机构和中央银行应该对它们进行监督，防止可能导致灾难的过度行为。早在2005年，储蓄过剩（资金主要来自亚洲和欧洲）造成利率非常低。这助长了人们寻求高风险、高收益投资的欲望。但监管机构并未留意这些征兆。最具灾难性的是，美国的监管机构并没有出面拯救雷曼兄弟。

> "如果你欠银行100美元，那是你的问题。如果你欠银行1亿美元，那就是银行的问题。"
>
> ——保罗·盖蒂，重述古谚语

雷曼兄弟的倒闭

美国银行雷曼兄弟是第一个成为金融危机牺牲品的大型机构。到2007年，雷曼兄弟公司的杠杆高达31∶1，这意味着

它实际拥有的资产不到其表面资产的三十分之一,其余部分全靠借贷。特别是,雷曼兄弟在次级抵押贷款市场上的风险过高。它的资本杠杆化程度很高,甚至其资产价值的轻微下滑(仅3%—4%)都足以使其全部价值化为乌有,并导致其在2008年倒闭。

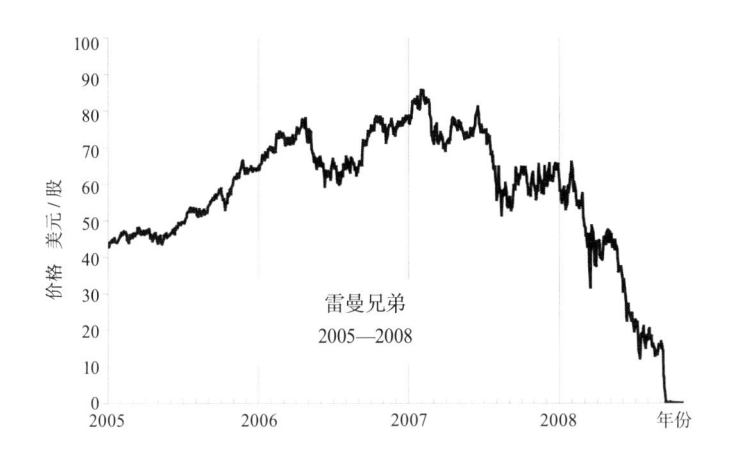

雷曼兄弟
2005—2008

经济学家们在追究各方责任方面存在分歧。右翼经济学家倾向归咎于美国政府和鼓励次级贷款的住房政策;左翼经济学家则倾向归咎于金融机构的贪婪和对金融市场的监管不足。无论如何,弄清雷曼兄弟崩盘的真正原因可能有助于避免未来的另一次崩盘。

> "你的公司现在破产了,我们的经济深陷危机,但你还能留下4.8亿美元(2.76亿英镑)。我有一个非常基本的问题要问你:这公平吗?"
>
> *美国国会议员亨利·瓦克斯曼在监督和政府改革委员会上对雷曼兄弟公司CEO理查德·福尔德的质询*

纾困的昂贵代价

2009年用于救助银行的金额,是英国政府有史以来以这种方式花费最多的一次。在此之前,最大的一笔支出是在1834年,当时英国的46 000名奴隶主在废除奴隶制后获得了赔偿。

支付给英国奴隶主的金额占1834年政府支出的40%,相当于今天的160亿—170亿英镑(240亿—260亿美元)

第19章

紧缩政策可行吗?

刺激政策还是紧缩政策?经济衰退时,哪个才是最佳的补救措施?

从问题入手

处于衰退期的经济是疲弱的，经济活动不多，往往债台高筑，消费低迷。没有经济生产力，增长率非常低，没有增长或负增长（意味着经济正在萎缩）。衰退的普遍定义（尽管过分简单）是（一年）连续两个季度的 GDP 下降。有些经济学家把一年内失业率上升 1.5%—2% 作为衰退的另一个标志。

衰退可能成为恶性循环并使经济呈螺旋式下降。当人们不消费的时候，企业的收入就会减少。由于销售收入减少，企业养不起员工，所以失业率增加。有工作的人经济紧张，没工作的人买不起那么多东西，消费因而再次下降，这就是所谓的负乘数效应。需求的进一步下降促使企业削减更多开支，结果有些企业倒闭了。更多工作机会流失意味着消费再度下降。在一个政府救济无收入或低收入人群的福利国家，经济衰退会增加人们对福利的需求，因此提高了政府开支。

利润下降，失业率上升，或支出和工资减少，意味着税收变少。政府必须支付更多的福利，但收入减少了，这就导致了赤字。政府可能会削减其他领域的开支,如修路或国防,但这也会使这些行业衰退。如果政府借钱,那就必须还钱并支付贷款利息。很难看到解决之道。

花钱、花钱、再花钱

应对经济衰退的一个方法是政府通过向经济注资来刺激经济。例如,政府可以通过修建更多的道路和铁路线,以及扩大教育和医疗保健来增加公共开支。如此一来,需要雇用劳动力,并创造了对商品和原材料的需求。虽然这些钱必须通过借贷或创造来实现,但它会直接进入经济流通。就业率上升了,人们就有信心去消费,由于条件改善,经济变得更有活力。起初,人们可能仍然很焦虑,他们可能把多余的钱存起来,而不是花掉。但最终消费会增长,更多的钱进入流通领域,从而增加工业产出和就业机会。银行有信心向企业放贷,为其扩张提供资金,然后资金进入经济循环,促进政府的债务融资。

该理论认为,随着时间的推移,人们赚钱、消费,因此支付更多的税款,而政府开始收回当初花出去的钱。

随着经济回暖,对人为刺激的需求就会减少,政府支出就会恢复到正常水平。

勒紧裤腰带

刺激政策之外的另一个选择是紧缩政策,即政府减少开支,其结果是国内许多人也减少开支。为了省钱,政府可以削减福利、公共产品和服务方面的开支。政府还可以限制公共部门的工资和养老金,并降低政府证券的利息。这些措施立即减少了政府必须支付的钱,但意味着许多人能花的钱会因此变少。随着经济进一步放缓,政府税收下降,减少支出可能会使短期内的情况变糟。削减公共开支所节省的资金可以用来减轻私营部门中企业和个人的税负。理论上,这将促使一般支出增加,因为人们支付的税款减少,有更多的钱可以花。企业增长,就业增加,对外贸易扩大。削减一个领域的公共开支所筹集的资金也可以用来支付另一个领域的发展,如公路和铁路建设以及其他基础设施领域。这促进了就业,增加了支出和税收。显然,政府只有在没有大笔债务需要融资和偿还的情况下,才可以将以这些方式节省下来的钱用来实行刺激措施。陷入危机的经济体，如 21 世纪第 2 个 10 年中的希腊经济，就是采取严格的紧缩措施来偿还债务，而无意为公共开支或减税提供资金。

财政紧缩和战争

许多经济体在 20 世纪的两次世界大战期间实施了紧缩政策。当时，政府需要筹集（或储蓄）资金为昂贵的战争提供资金，并在部分人口外出作战时保证基本的粮食供应和其他服务。1919 年，第一次世界大战结束后，美国征收了 77% 的最高所得税。政府控制了粮食供给，并规定了主食和其他必需品的价格。在某些日子里禁止使用燃料，并实行夏令时和冬令时。但是，战后的经济与衰退中的经济是非常不同的。美国的经济在战前一直很繁荣，民众对战争的支持使得他们的精神状态更加积极，而不是长期面对艰难处境时人们所表现出的落魄和厌倦。当 1939 年再次爆发战争时，战争实际上帮助一些经济体摆脱了衰退或萧条，因为战争带来了对商品和服务的需求，并增加了就业。

从历史中吸取的教训

在 2008 年的金融危机之前,上一次全球经济大衰退是 20 世纪 30 年代的大萧条。它是在 1929 年华尔街的美国股市轰然崩盘之后发生的。为了保护美国的生产者,美国引入了海外贷款并对进口产品设置了贸易壁垒。其结果是,大萧条蔓延到世界其他地区,特别是欧洲。

到了 1933 年,1 300 万—1 500 万美国人(占人口的 20%)失业,全国近一半的银行破产,形势惨不忍睹。银行倒闭后,许多人失去了他们的储蓄、工作和住房,还有些人在绝望中自杀。美国的农业多年来一直处于危机之中,部分原因是采用了不适当的耕作方法,导致了严重的干旱。美国的福利保障不如英国,许多人因此更感到很绝望。

大萧条期间,佃农无法向银行偿还贷款,他们的农场被收回,工人被解雇。这导致了进一步的失业和各州之间的大规模人口流动

一种方法

在英国，主要集中在威尔士、英格兰北部和苏格兰的造船、采煤和炼钢等"重"工业最早倒闭。在贾罗镇，所有成年男性都失业了。然而，在英格兰南部，较新的"轻"工业受到的影响则要小得多，这导致了严重的南北不平等。英国政府增加税收和削减失业福利，试图减少开支。同时，为了保护英国的工业开征进口关税，但由于其他国家也各自使用进口关税进行报复，导致国际贸易进一步下滑。这些紧缩措施可能会使情况变得更糟。

同时，政府的有些行动则有助于改善状况。他们增加了流通中的货币量，降低了利率，鼓励有钱的人花钱（如果利率低，人们就没有什么动力去储蓄）。政府利用激励措施，鼓励企业创业或搬迁至萧条地区，从而提供就业机会。此外，政府还通过奖励措施建造了50万套新住房，这不仅提供了急需的住房，而且创造了就业机会和对材料的需求，从而振兴了经济。这就是通过削减一个领域的公共开支来资助另一个领域开支的例子。

另一种方法

几年后,美国转而采取刺激措施。大萧条开始时的总统是约翰·埃德加·胡佛(John Edgar Hoover)。他相信经济衰退会走到尽头,经济会自然恢复。他试图用政府贷款来救助一些银行,希望其效果能"涓滴"到劳动人民身上。作为一个共和党人,他坚信自由市场经济,政府不应干预其运作。

1932年,胡佛在总统选举中输给了民主党人富兰克林·罗斯福。到1933年罗斯福就职时,所有的银行

20世纪30年代,饥饿的人们在施食处排队领取食物

都关门了，政府甚至没有钱支付给自己的员工。罗斯福推出了紧急措施，以稳定仍被认为是健全的银行，并启动了他的"新政"。新政通过大规模的政府项目提供了就业机会和刺激，例如建造水坝和水电站，这使在萧条地区建立其他产业成为可能。虽然复苏并不顺利，实际效果却很可观。而第二次世界大战的结束最终为大萧条画上了句号。

美国第32任总统富兰克林·罗斯福

现在还有什么方法能奏效？

各个国家在不同程度上使用了紧缩和刺激措施来应对2008年开始的经济危机。经济学家们对哪种措施（如果有的话）是有效的意见不一。

国际货币基金组织（IMF）

> "我们唯一要恐惧的是恐惧本身。"
>
> 富兰克林·罗斯福，
> 美国第32任总统

的结论是，紧缩政策并未发挥作用。那些主要采取紧缩措施的国家，表现不如那些选择刺激措施的国家，即依靠鼓励消费走出衰退。2013年，国际货币基金组织首席经济学家奥利维尔·布兰查德（Olivier Blanchard）指责英国政府继续推行紧缩措施是在"玩火"。然而，在2015年，国际货币基金组织总裁克里斯蒂娜·拉加德（Christine Lagarde）说：英国当局已经设法在削减开支和增加收入之间取得了适当的平衡……当我们比较欧洲各国的增长率时，很明显，英国的做法确实奏效了。

只有时间才能证明谁是正确的。

第20章

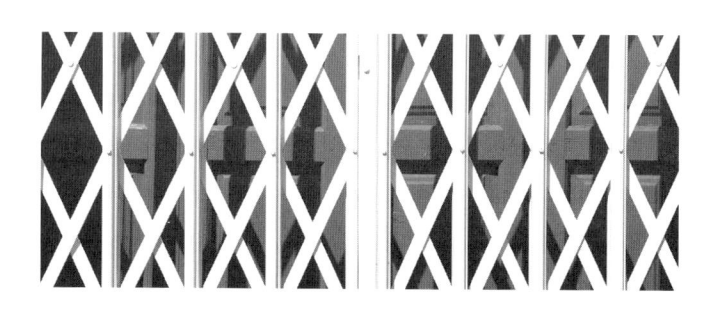

商店还能存在多久？

在过去的20年里,一些大型商店彻底关门了。它们的消失影响大吗?

每9个有工作的美国人中就有一个受雇于零售业。1950—1990年间,这个行业工作岗位增长速度比一般行业岗位的增长速度高出50%,但自1990年以来,零售业的工作岗位的增长速度只有其他行业的一半。世界上其他地方也有类似的情况,这是为什么呢?

日薄西山的伟大行业

其他行业在过去也经历过类似的衰退。首先是农业,然后是制造业,随着机械化和劳动效率的提高,对劳动力的需求也在下降。在20世纪初,超过40%的美国人从事农业工作。如今,尽管只有不到2%的人口从事农业工作,美国生产的粮食却比100年前更多。制造业雇用了大约10%的美国人,而10年前这一比例约为30%;而且看起来零售业可能是下一个面临就业人口下降的经济领域。

只看不买

零售业最大的变化之一是互联网革命,其结果是许多零售业务现在都是在网上进行的。网上购物为我们提供了更多选择,而且通常价格更低,并省下我们外出购物的麻烦。网上购物的缺点之一是需要等待送货,但随着越来越多的企业提供自提点网络,这个问题也在迅速消失。到2015年,英国约有12%的购物行为是在网上进行的,其中四分之一是通过美国最大的网上零售商亚马逊进行的。亚马逊的崛起势不可当,其在美国的销售额从2008年的190亿美元,到4年后突破610亿美元。其创始人杰夫·贝索斯(Jeff Bezos)的净资产估计高达1 560亿美元(1 210亿英镑)。

获利的少数人

受雇负责包装和发送订单的亚马逊员工的平均年薪为21 687美元(16 800英镑)。但2014年,每个全职员工为亚马逊创造的平均收入为60万美元(39万英镑),低于2011年的100多万美元(65万英镑)。这是传统零售商从一名全职员工那里获得的平均收入的3倍之多。

直到最近,顾客仍然更愿意在商店里购买家具、衣服和鞋子等商品,因为他们可以在那里亲身体验。但也有种趋势日渐明显,即购物者在实体店浏览商品,然后在网上以更便宜的价格订购他们所选择的商品。购物比价网站和智能手机的发展意味着，人们甚至可以站在商店里，用手机购物。为了应对这一趋势，许多商店现在都有自己的网站，提供比店内更便宜的商品，有些还提供点击提货服务。

所幸，对传统零售业来说，购物者在实体店比在网上更有可能冲动消费。

你从事哪一行？

美国就业率最高的行业（2013年）：

1. 零售业
2. 住宿和餐饮服务
3. 专业和技术服务
4. 行政及废品处理服务
5. 教育（当地公立中小学校）

沃尔玛效应

网上购物并不是对传统零售业的唯一打击。所谓的"沃尔玛效应"反映了大规模低端零售商进入当地市场所带来的影响。沃尔玛是美国的连锁折扣百货商店和零售仓库。当沃尔玛开设一家商店时，它可以为居住在该地区的低收入家庭节省高达30%的食品费用。它的低价也有助于降低该地区其他商店的价格,因为这些商店被迫参与竞争。这不免造成其他后果:2008年的一项研究发现,沃尔玛新店每创造一个就业机会,就会有1.4个零售工作岗位消失,因为其他商店被迫关门或裁员。

自助服务和不提供服务

20世纪,随着最初在杂货店推出的自助服务,购物经历了一场重大革命。在该世纪上半叶,大多数购物者都由店员亲自提供服务。在无人监督的情况下接触商品的想法是不可想象的。其他顾客则耐心地排队等候,直到有工作人员有空。但这并不经济,因为它限制了销售数量,尤其是在繁忙时段。而雇用额外的工作人员来应对高峰期,意味着他们在其他时间无事可做,也没有为商店赚到钱。

这种情况随着"自助服务"的推出而开始改变,美国企业家克拉伦斯·桑德斯率先于1916年开设了他的第一家名为"小猪商店"的自助杂货店。这一概念很快传遍了美国和其他一些国家。自助服务大幅增加了销售额,因为零售业的员工只需要在结账时收款,并补货上架。到了1951年,英国的普利米尔(Premier)连锁自助超市的销售额是同等的传统英国杂货店的 10 倍之多。

现在，几乎所有的商店都是全自助或半自助的。自助收银台和手持式扫描设备的引入，减少了工作人员，从而进一步降低了成本。

网上购物和现实世界购物之间的界限越来越模糊：网上订单消费者可以到附近的商店取货；商店缺货的商品可以在网上商店里在线订购；顾客站在商店里就可以通过手机比价。

两个市场

越来越多的人认为，商业街已经变得两极化。在平价市场，一切都是低价的；在"高端"市场，质量、独特性和客户服务，对购买决定的影响最大。苹果商店的极简风格是这种趋势的一个例子，在这里，客户服务和形象是最重要的。这里的空间并未得到有效利用；只展示少量的产品，尽管有不同的颜色和配置。配件被谨慎地靠墙摆放，留出大部分地面空间，以便人们可以"膜拜"优雅时尚的科技。工作人员服务周到，知识渊博。

在天平的另一端，折扣店把低价和丰富的选择放在首位。这种方法是英国东区商人杰克·科恩（Jack Cohen）开创的，他是乐购连锁超市的创始人，他的口号是"堆得高，卖得便宜"，这句话也被普利马克（Primark）等服装店和一镑店（Poundland）等杂货店采用。折扣店里排队的队伍往往很长（因为商店很受欢迎），店里嘈杂而拥挤。

像 Primark 这样的商店的商品为什么能卖得那么便宜？它们在劳动力便宜的地区生产，但很多较昂贵的品牌也是如此。它们只销售自有品牌的商品，所以没有中间商的分成。它们的订单量很大，因此受益于规模经济；它们的生产流程非常高效；它们使用廉价的原材料；它们不进行昂贵的广告宣传；它们的商店精打细算地利用了地面空间。这些做法与苹果商店完全相反。

被挤压的中间层

如今，一些为现在陷入困境的中产阶级服务的中档商店备受威胁。为富人服务的高端零售商基本上没有受到最近经济状况的影响，因为最有钱的消费者的收入并没有下降。折扣和廉价零售商的业务量反而增加了，因为中产阶级购物者随着收入的下降而转向低端市场。

商店关门影响大吗?

如果商店关闭,谁会蒙受损失?最明显的是,商店老板和员工。零售业的工资和技能含量相对较低。经济学家认为这种类型的工作是可替代的。当没有足够的工作可以换时,难题就出现了。

商店关门对城市景观也有影响。关闭的商店和空荡荡的房子意味着被吸引到城镇中心和购物中心的人会越来越少。人流的减少将导致更多的商店关门,如此将循环往复下去。

网上零售商的崛起

虽然网上购物可能对传统零售业造成严重打击,但也为那些愿意利用网上购物的人带来了新的机会。现在,许多人在家里通过自己的网站或亚马逊和 eBay 等大型网店销售商品和服务。与开设和经营传统商店相比,在家工作所涉及的启动资金和每年的间接成本是最低的。不太需要进行昂贵的贷款(如果生意失败,有很高的破产风险),这让更多人有信心开始经营自己的生意。网上购物也为快递和送货服务提供了工作机会。

第21章 股市是如何运作的?

股市是国家经济的重要组成部分,但它实际上是做什么的?

15,000	0.10 ▲	＋1.82
100,000	361.80 ▼	− 0.60
30,000	0.25 ▼	− 1.39
800,000	6.22 ▼	− 1.80
4,100,000	247.30 ▼	− 0.53
26,000	20.18 ▼	− 0.57
12,000	100.41 ▼	− 0.36
3,000,000	203.99 ▼	− 0.29

股票市场允许个人和机构交易公司的小部分股份。这些股票和股份使所有者对公司的经营方式有发言权和索取股息的权利。股息是代表公司部分利润的一种支出。

共同持有一家公司

假设你想创办一家制作巨型风筝的企业。成立公司将产生特定成本，包括：

- 租用开展业务的经营场所
- 采购原料并进行加工
- 雇用员工并支付工资
- 营销风筝
- 分销或配送风筝
- 日常运营（行政、会计等）
- 支付税收和与工人相关的费用（养老金存缴、健康保险、病假工资等）

你可以从小规模开始做起，随着订单的增加再雇用更多的员工，或者你可以更雄心勃勃地开始——寻求资本投资。如果你选择第二条路，你可能会从朋友和家人或银行借钱，或者你可能会寻找外部投资者，用钱换取公司的股份。有些企业只能大规模启动，并且必须要用投资资本。如果你不做风筝，而是想制造飞机或建立电信网络，你可能不会想要自掏腰包或向银行贷款。

除非投资者相信企业会盈利，并且投资会带来回报，否则他们不会借出资金。

投资者可能还希望在公司的经营中拥有发言权，因为他们不想有因商业决策失误而赔钱的风险。为了确保他们有权索取利润，并对如何经营企业有话语权，他们会购买公司股份。

股票和股份

一家公司的总资本（资产），在公司清算时可以在所有者之间进行分配，它被称为股票，或股本，公司出售给投资者的那一部分被称为股份。有许多不同类型的股份。普通股的所有者有权对公司的运作发表意见，他们每年都会获得股息并拥有一定的资产份额。如果一家公司起始的持股是 1 000 股，购买 100 股的人将拥有该公司 10% 的股份。他也将在讨论公司政策和计划的股东会议上拥有 10% 的投票权，可以获得利润分配的 10%，并拥有公司 10% 资产的求偿权。

另一种类型的股票，称为优先股，持有者没有投票权，但能获得的股息较高，并对资产有优先求偿权。如果公司倒闭并进入清算程序，优先股股东将在普通股东之前收到他们的那份资产。

这两种类型的股东共同拥有公司。

更多的投资

创业并不是公司需要投资资金的唯一时间点。如果你的风筝制作业务进展顺利，可能想搬到更大的场地或订购新机器。你可以通过出售股票来筹集资金（股本）。新股东也将拥有对公司资产的权利和获得股息的权利，也许还可以在董事会会议上投票。在发行新股之前，现有股东必须同意此举，因为这将降低他们所持股份的价值。他们通常被给予优先购买权：在新股出售给其他人之前购买新股的权利。发行更多的股票似乎是不明智的，但这样做是为了提高公司的盈利能力，从长远来看，每个人都会受益（至少概念上如此）。

上市和非上市公司

你的风筝制作业务可能一开始是一家私人有限公司。这意味着股份不在公开市场上交易,但你可以把股份给你选择的人。因为你可以限制股份的出售,所以任何一个股东都不能单方面将股份卖给任何人。虽然这限制了可以为你投资的投资者群体,但也意味着你更容易保持对公司的控制。

大公司通常是公共有限公司(或美国的上市公司)。它们的股份在公开市场上交易,并在合适的股票市场挂牌上市,任何人都可以购买。这意味着,除非公司的原始所有者自己持有至少51%的股权,否则他们可能失去对公司的控制,因为其他人可以在股东大会上联合起来投票反对他们。股东决定着公司的发展方向。有时,公司的创始人会在股东的联合反对下被解雇。

股票交易

当股票在证券市场上市后,就可以公开交易,这意味着它们可以被股票经纪人和投资者买卖。股票的销售价格是公司财务健康状况的一个标志。假设你的风筝制造企业的股票最初以每股10美元出售。公司有了一个良好的开端,到了年底,其资本(股票)的价值增加了20%。这意味着每只股票的价值也增加了20%。想卖掉股票的人,应该可以得到12美元/股。这对一年的投资来说是个不错的回报。

史蒂夫·乔布斯

史蒂夫·乔布斯(Steve Jobs)和史蒂夫·沃兹尼亚克(Steve Wozniak)于1976年创立了苹果电脑公司,他们需要筹集资金来推广他们的第一台真正意义上的电脑——Apple II。为此,他们在次年出售了股份。他们卖了太多股份,以至于6年后他们失去了对公司的控制。因为投资者认为乔布斯太年轻,没有经验,无法管理一家大公司。1983年,前百事可乐老板约翰·斯卡利(John Sculley)被任命为公司负责人。斯卡利和乔布斯经常发生冲突,1985年,乔布斯离开了苹果并创立了新的电脑公司NeXT。随后,一连串的高管经营着苹果公司,但他们都没有足够的创新和想象力来重振公司。最终,苹果公司收购了NeXT——和乔布斯。从2000年起,乔布斯再次执掌苹果公司,见证了公司的发展壮大,并为其产品线开拓了新市场。

然而，股票是有风险的投资。如果企业经营不善，市值降低，股票的价值将低于股东为其支付的费用。出于这个原因，股票应被视为一种长期投资。

只要企业基本上是健全的，股票价格的短期波动可以忽略不计，因为随着时间的推移，股票的价值应该会增加。这是对股票买卖交易的传统态度，但目前的股票市场有许多不同类型的投资者，其中有些投资者有着非常短期的目标。

循环往复

股价也受到股票转手价格的影响。这看起来像是循环论证，事实也确实如此。如果大家认为某公司做得很好，就会对其股票有持有的需求，该公司的股价就会上涨。如果大家认为该公司做得不好，该公司的股价就会下跌，紧张的投资者就会抛售手中的股票。当股票供过于求，人们对其需求不大，股价会进一步下跌。

此时，股价处于低位，投机者就可能趁机入场，廉价买入大量股票。如果投机者认为公司会复苏，就会大举买进，或者他们会买进数量足以影响公司发展方向的股票，让公司再次盈利。

夸夸其谈，虚张声势

股价不仅受到盈亏公告的影响，还受到其他因素的影响。例如，如果一家制药厂宣布推出防治某种常见疾病的新药，其股价就会上涨。但如果该厂一种药品因为安全问题而被撤回，股价就会下跌。如果对手公司推出了更成功的产品，股价也可能下跌。甚至在新产品进入市场之前就可能发生下跌，这都是信心和预期的问题。这也是企业之所以会花费那么多心力，维护成功的公众形象的原因之一。

有时，一家公司即使日常运营看似正常，也会因其在证券交易所的表现不理想而被拖垮。如果它的股价跌得太厉害，银行就不会允许其透支或贷款，供应商也不会允许其赊账，客户则可能担心公司无法完成他们的订单。

股东拿他们的资本（以投资资金的形式）冒险，希望获得不错的回报。他们获得的红利和股票的增值就是对他们所承担的风险——赔钱的风险的回报。这与工人获得的工资回报不同,后者得到的回报是对其劳动的回报。对工人来说,资本回报可能看起来就像是不劳而获。股东持有股票几周、几天甚至几小时,然后再卖出以快速获利,他们赚到的钱可能比工人一整年赚的钱还要多。

成功的股票交易者都有善于投机的天赋,或者说他们可以预测哪些股票会有好的表现,然后在最佳时机买卖。他们把时间花在研究股票市场上,而不是研究如何为持股公司的产品增值。一家公司的股价无论是上涨还是下跌,对其产品在市场上的表现没有什么影响。但是,股价的重大变化可能会对市场表现产生影响,而往往不会反映出产品价值的任何真正变化。

牛市和熊市

当经济形势好的时候,GDP 高且经济活力十足,经济学家称之为牛市;当经济衰退、失业、GDP 下降和股价下跌的时候,经济学家则称之为熊市。同样的道理,一个人可以是"看涨"(乐观并愿意投资)或"看跌"(悲观并不愿意投资)。

投机的本质不断变化

直到20世纪60年代，大多数投资者购买股票是为了获得股息，而不是为了交易获利。后来，人们开始投机，即通过买卖股票从资本中赚取收益。有观点认为这不是真正的投机，因为股票的真正价值是你能卖出的价格。然后，金融机构开始向投资者提供越来越多样化、越来越晦涩难懂的金融产品。

标准的金融产品是衍生产品，这种产品的价值是基于（源自）基础资产的价值。在20世纪90年代，金融产品成倍增加，且与构成金融基础的实际业务的关系越来越小。被交易的"产品"往往与生产性资产——酒店、出版公司或其他出售真正服务或商品的企业的股份相去甚远。

金融产品激增到了那些基础资产无法支撑的地步。2007年，世界GDP为65.6万亿美元（42.5万亿英镑），但金融资产市场的价值为900万亿美元（583万亿英镑）。金融业此时在很大程度上独立于它所依托的产业。

日益增多的"寄生虫"

金融市场上充斥着越来越多与真实商品和服务无关的深奥的"产品"。它们包括买卖"期货"(承诺在未来某个日期以固定价格购买商品)和转售保险风险组合。有些经济学家,甚至以前的金融家,都把金融业称为"寄生虫"。

第22章

援助真的有作用吗?

海外援助是一个有争议的话题。

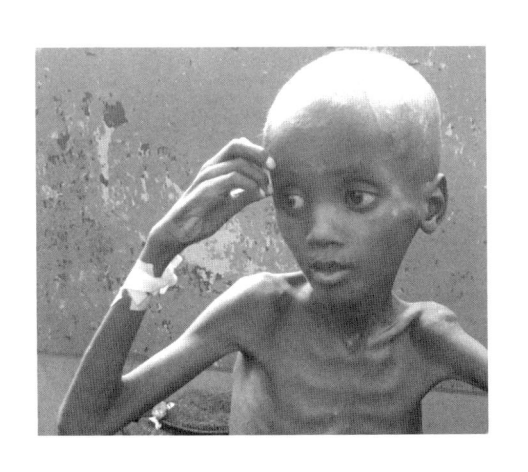

有些人质疑我们是否应该向外国提供援助，因为国内也有需要援助的人。然后还有一个更重要的问题，即援助是否真的有作用，或者它甚至可能使受援助国家人民的情况更加恶化？

设定目标

联合国为发达国家设定的目标是，每个国家将国民总收入（GNI）的 0.7% 用于向经济欠发达国家提供官方发展援助（ODA）。2014 年，丹麦、挪威、卢森堡和瑞典超额完成这一目标，英国达标了，其他发达国家都未达标。

紧急援助和其他援助

援助可分为短期或长期目标，可以由一个国家或一些国家共同提供，也可以由个人向慈善机构捐赠。援助可以是有条件援助也可以是无条件援助。

紧急援助是通过救援工作和紧急提供粮食、避难所和药品，从而减轻地震、洪水或饥荒等突发灾害的直接影响。这种援助通常由慈善捐赠提供,包括个人捐款,并由国际红十字会和无国界医生组织等国际援助机构处理。许多国家政府通过提供粮食、药品、设备和专家(往往是军事人员)来提供紧急援助。

长期发展援助是为了逐步提高一个国家的生活水平。它可以是紧急援助的后续,也可以用来帮助长期因环境、社会或政治问题而陷入贫困的国家。目的是改善该国的教育、医疗、基础设施和其他基本服务,使其人民和经济能够在长期内变得更有生产力。

一个国家给予另一个国家的援助称为单边援助。而像联合国这样的国际组织向一个国家提供的援助被称为

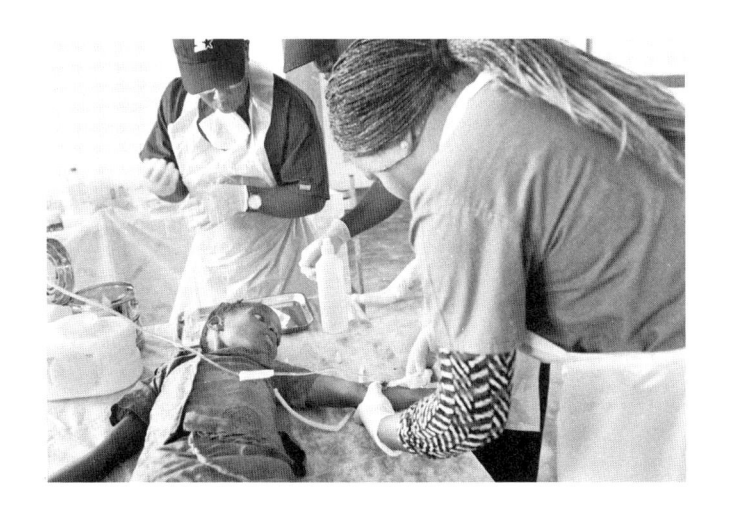

多边援助。援助可以是经济上的，也可能是物资或专业知识的形式。

有无附带条件？

无偿提供的援助称为赠款援助。更多情况下，援助是有条件的，也就是有附带条件。例如，援助可能是为某个开发项目（如大坝或铁路）提供资金，条件是开发项目将由援助国的企业承建。受援国受益于基础设施（新大坝或铁路），而援助国受益于承建公司所增加的就业和税收。这些项目通常会雇用当地劳动力，并在当地采购材料，因此也为当地经济注入额外的资金。

这种形式的援助使社区受益，在短期可以增加当地就业和贸易机会，在长期可以改善基础设施。但这需要谨慎管理，否则会导致当地经济失衡，推高物价，甚至造成物资短缺。使用援助国承包商的要求，限制了在定价和建筑施工方式方面的选择。

援助是为了什么？

援助的总体目标是提高世界上最贫困人口的生活水平，并以可持续的方式进行。这不仅仅是向饥饿的人提供食物或向房屋被飓风摧毁的人提供帐篷（紧急救济）；而是涉及帮助贫困地区建立公平的经济秩序，在这种经济秩序中没有人穷困潦倒，整个社会都有经济效益，这是一个艰巨的任务。世界上最贫穷的社会正在与一些似乎无法克服的问题作斗争，包括贫瘠的土地、恶劣的气候、贫乏的自然资源、政治动荡、压迫和战争。在这些条件下，要建设繁荣的经济并不容易。

没有什么魔法可以把一个糟糕的经济体变成一个健康的经济体。但是，有许多长期措施可以为贫困地区提供更有希望的未来，包括资助教育、疫苗接种计划、医疗保健和基础设施，如道路和清洁水源。为这些发展提供资金（或提供专业知识）可能无法缓解短期需要，但应该能为未来创造更好的前景。但关于援助的有效性，经济学家的意见仍然存在着分歧。

为什么要捐钱？

对外援助远非人人支持。许多人表示，他们更愿意将自己缴纳的税款用在自己的国家，为本国人民谋福利。但是，帮助发展中国家的穷人也有合理的经济和政治理由。

如果长期发展援助有效，应该会让我们所有人的世界更美好。牛津大学经济学家保罗·科利尔（Paul Collier）指出，援助首先应由同情心引发，其次是"开明的利己主义"。我们对不那么幸运的人的同情促使我们采取行动，而一旦我们进入制定援助计划的细枝末节，开明的利己主义又会使我们保持动力。例如，开明的利己主义可能表现在我们认识到，如果人们能在自己国家找到工作，援助国国内的经济移民就会减少，或发展中经济体将来会成为一个有价值的客户群。

全球生产力

当每个国家都能充分利用其资源，整个世界都会受益，全球生产力也会提高。如果穷人处于绝望和没

千禧年村庄项目

美国哥伦比亚大学地球研究所的经济学家杰弗里·萨克斯（Jeffrey Sachs）启动了"千禧年村庄项目"，为非洲的村庄提供可持续的援助项目。该项目援助教育、保健、可持续的地方工业和可持续农业的发展。帮助当地人们创业、兴建房屋和公共厕所，该项目重视对人们的长期培训，以使变革得以持续和延续。

每个村民每年的预算为110美元（71英镑），为期5年。这些预算用来提供肥料和高产种子、清洁水、基本医疗保健和教育、蚊帐以及与外界的通信连接。被纳入该项目的村庄的农业生产率提高了350%。萨克斯还推广了他所谓的"临床经济学"，通过诊断社区的需求，从而可以制定针对个人的援助计划。萨克斯曾为俄罗斯、波兰和玻利维亚等需求迥异的国家提供援助咨询。

有希望的状态，他们更有可能加入极端主义组织，支持利用军事冲突破坏地区稳定的暴虐独裁者。有些人为了毒品贸易而种植罂粟，或者成为难民、寻求庇护者和经济移民。而在自己的国家能长居久安的人自然倾向于留在自己国家。

自上而下，自下而上

援助有两种主要的方式："自上而下"和"自下而上"。自上而下的援助侧重于向发展中国家的政府提供资金或其他帮助，希望这些援助能分发给最需要的人。这种形式的援助可能会在如何使用资金方面附带限制性条件。经济援助可以以低息贷款或债务减免（取消或减少贷款利息）的形式提供。在援助切实可行的方面，设备、粮食或借调专家人员的援助可能会对援助的具体用途加以限制。

自下而上的援助主要由捐助者管理，直接发放到最贫穷的人手里，如国际红十字会在乌干达分发蚊帐。由于自下而上的援助不通过一个国家的官方分发渠道和网络，在交通基础设施被破坏的战乱和受灾地区，这往往是向当地人们提供帮助的唯一途径。

一般来说，更多的援助资金是用于自上而下的援助，但在使用上有更多的限制。

工作中的女性

国际援助机构乐施会的研究发现,在发展中国家使用援助的最有效方式之一是建立独立的、由女性经营的集体农场。这些土地由妇女耕种,农产品集中在一起,在公开市场上或通过公平贸易协议出售。以这种通过妇女,而不是男性社区或部落领袖经营的集中农场,提高了作物产量和市场价格,并显著改善了社区的经济繁荣——尤其是儿童的生活。

这样行得通吗?

援助计划是否有效是顶级经济学家争论的问题。以下是他们的一些批评：

- 援助经常被窃取、误导或偏离其预定目标，并被用于充实受援国的统治精英和犯罪团伙的腰包
- 援助没有帮助当地发展可持续的经济，反而形成了一种依赖文化
- 援助会扶持专制的、不民主或腐败的政权，阻碍当地社会采用更公平的政治体制
- 援助向农村经济注入大量廉价或免费的商品，扰乱或摧毁了当地市场，使当地产品的生产和销售变得不景气
- 援助可能定错目标或定出不适当的目标，例如，因饮食规定或社会原因不被认可或不被接受的食物最终可能会被浪费掉

援助是雪上加霜吗？

美国经济学家威廉·伊斯特利（William Easterly）对自上而下的援助提出了许多批评，他特别批评了债务减免的效果。他认为，勾销债务并没有为被援助国

的穷人提供资金，而是让其国内富裕的统治精英受益，他们通常把钱花在国外经济发达的国家，而不会产生涓滴效应。他还认为，债务减免会鼓励过度支出（为了让一个国家确保获得减免），如果受援国的统治者认为未来的债务会被勾销，可能会导致进一步举债，这对那些确实偿还了贷款的国家也不公平。

世界银行

国际货币基金组织和世界银行是在 1944 年的布雷顿森林会议上创立的。该会议和机构创立的目的，是管理第二次世界大战后的国际金融和经济复苏。世界银行的目标是通过推广对外投资和国际贸易来减少贫困。

伊斯特利还批评，援助文化否定或贬低了贫穷国家的自助能力。他更喜欢一种他称之为"自由发展"的方式，即把发展中国家人民的需求、权利和愿望放在首位，强调他们自己有能力帮助自己摆脱贫困和解决自己的问题。

老派的援助方法？

一些传统类型的援助活动，如兴建学校，目前正受到监督。缺乏教育的根本原因并非总是没有校舍；这可能是因为孩子们没有办法到现有的学校学习，或者是因为老师的质量差（或没有老师）。一项研究发现，在肯尼亚，花50美分（32便士）治疗儿童肠道寄生虫比建造新学校更有效地提高了入学率。这是因为感染了寄生虫的孩子们病得太重，无法上学。而兴建一所学校的成本是治疗一个社区所有孩子的25倍。

在墨西哥，如果孩子上学，父母会得到一笔津贴。这一措施使入学率提高了85%，因为孩子虽然无法赚钱，家长们却因此获得了补偿。

50亿到10亿

在20世纪中期,世界上大约有10亿人过得相当富裕,却有50亿人生活在贫困之中。现在情况发生了逆转,包括中国和印度在内的许多以前非常贫穷的国家,都在成长为经济强国。现在,世界上大多数人生活在相对富裕的国家,只有10亿人生活在最糟糕的环境中。然而,对这些人来说,生活水平在过去40年里反而下降了。这主要是因为治理不善、基础设施落后、军事冲突和内乱使得向他们发放援助变得更加困难。

智能援助

尽管威廉·伊斯特利对自上而下的援助持保留意见,杰弗里·萨克斯及其千禧年村庄项目支持强化干预,但麻省理工学院经济学教授埃斯特·迪弗洛(Esther Duflo)主张采取中庸之道。她建议使用"智

> "我们在地球上有足够的资源,可以确保人们不会死于贫穷。这是基本事实。"
>
> *杰弗里·萨克斯主任,哥伦比亚大学地球研究所*

能援助"仔细评估和确定援助干预措施的目标。迪弗洛认为意识形态差异、无知和惰性是援助失败的主要原因，她的方法是对援助计划进行随机控制试验，例如分发蚊帐以保护人们不受蚊子叮咬和提供教育补贴。这些试验应该能揭示哪些干预措施有效，哪些无效，这样援助预算才能发挥最佳效果。

第23章

我们如何从国际贸易中获益？

交通的改善和互联网使全球贸易比以往任何时候都更加容易。

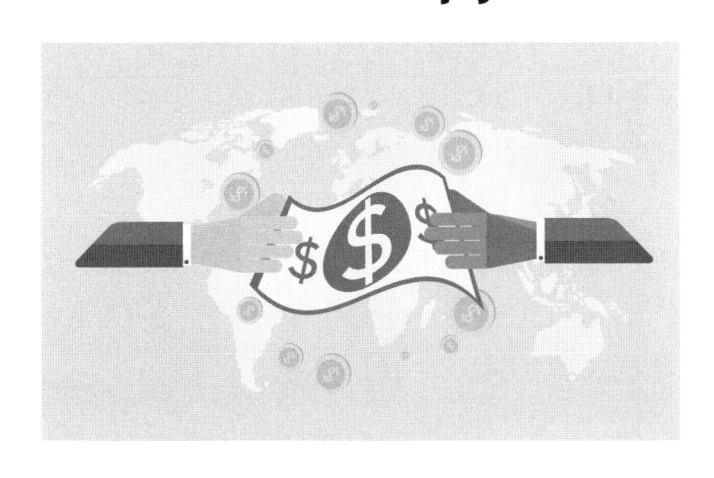

很难说到底是买自己国家生产的产品好，还是拥抱全球市场好。购买国产商品似乎对我们的国民经济有好处，但这并非那么简单。国际贸易的增长是有正当理由的，它有助于使世界的生产力最大化。

自由贸易和不那么自由的贸易

国家面对国际贸易的两种政策倾向是自由贸易和贸易保护主义政策。国家之间没有限制、关税或壁垒的贸易被称为自由贸易。与之相反，通过禁止进口、提高税收或用配额制度限制进口来保护国内生产的，则是贸易保护主义政策。两者各有优缺点。

如果一个国家擅长以低成本生产某种产品，自由贸易意味着它可以大量涌进外国市场，扼杀当地生产。这对当地消费者有利，因为他们能以更便宜的价格购买商品；但对当地生产商不利，他们可能会被迫退出这个行业。在贸易保护主义市场中，生产商不必如此努力，他们能以高价出售质量差的商品。缺乏竞争，意味着消费者无法获得更好或更便宜的替代品。

贸易和选择

国际贸易的一个明显优势是它给了消费者更多选择。任何国家都没有充足的资源和条件来生产所有产品。贸易让我们可以购买在我们的气候条件下无法种植的水果和蔬菜，使用在我们自己土地上无法开采的金属制造产品。如果没有国际贸易，北欧的消费者永远无法享用杧果，英国人无法喝茶，美国人也无法戴丝巾。

谁擅长什么？

当人们从自给自足的生活（为自己的家庭生产一切）转向从事专门工作的商业经济时，劳动分工导致了生产力的提高。

鼓励国际市场专业化也有很好的理由。假设一个国家（比如意大利）擅长种植橄榄，而另一个国家（比如阿富汗）擅长养殖山羊。为了便于讨论，想象一下，如果有完美的贸易条件，且意大利和阿富汗都没有将其资源用于任何其他类型的生产。还没有使问题复杂化的运输或储存成本，而且橄榄和山羊在这两个国家都有很好的市场。

意大利和阿富汗都试图满足国内的山羊和橄榄市场。他们的生产情况如下：

国家	橄榄（百万吨）	山羊（百万只）
意大利	400	100
阿富汗	200	300
总计	600	400

如果擅长种植橄榄的意大利放弃养殖山羊，转而专注于种植橄榄，其产量会增加。同样，如果阿富汗放弃种植橄榄，转而专注于养殖山羊，它将拥有满山满谷的山羊。

国家	橄榄（百万吨）	山羊（百万只）
意大利	800	0
阿富汗	0	550
总计	800	550

（这些数字是虚构的——请不要根据山羊和橄榄树农场的预计回报率来出售它们！）

整体而言，山羊和橄榄的产量有所增加，因为每个国家的农民都专注于他们擅长的领域和他们的土地最适合的用途。他们的耕作效率更高，产量更大。在意大利，橄榄种植者有一个绝对优势，就是他们更擅长种植橄榄；而在阿富汗，山羊养殖者因其专长而拥有绝对优势。两国可以进行贸易，分享改善生产带来的好处。意大利和阿富汗的居民可以享有更多的橄榄和山羊，如果其产量太多，甚至可以和另一个擅长生产不同产品的国家进行贸易。

谁在哪方面做得不错？

但是，如果一个国家在生产所有东西方面都优于其贸易伙伴呢？再看两个国家，玻利维亚和巴西，两国只生产咖啡和可可；让我们假设巴西在这两方面的产量都比玻利维亚高。

国家	咖啡/百万吨	可可/百万吨
巴西	800	400
玻利维亚	100	300
总计	900	700

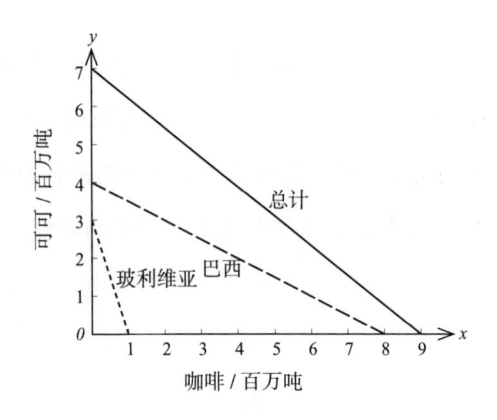

我们可以使用生产可能性边界曲线（见下图）表示每个国家生产可可和咖啡的潜力。A、B 和 C 点显示了巴西如何将资源分配给这两种产品。

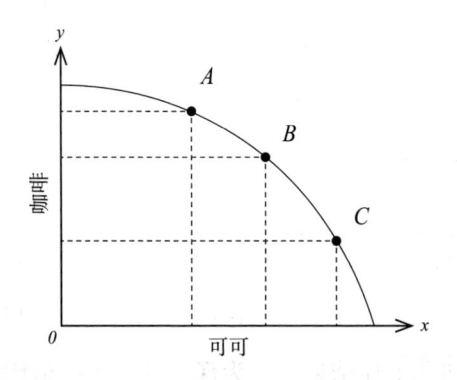

巴西可以生产更多的咖啡，但前提是不生产可可，因此它的机会成本是可可。巴西的咖啡产量是可可产量

的两倍；它将不得不放弃两吨咖啡来多生产一吨可可。巴西在生产咖啡方面具有比较优势。如果我们假设每吨咖啡和可可的利润相同，巴西如果把重点放在咖啡生产上，效果会好得多，因为其生产更有效率。然后，它可以与玻利维亚进行贸易以获得可可。玻利维亚在生产可可方面具有比较优势。虽然玻利维亚的可可生产效率不如巴西高，但也不太低。玻利维亚在可可生产方面做得还不错，所以应该把重点放在这上面。

如果巴西放弃生产可可，玻利维亚放弃生产咖啡，它们的产量会是这样的：

国家	咖啡/百万吨	可可/百万吨
巴西	1600	0
玻利维亚	0	600
总计	1600	600

这对喝咖啡的人来说是个好消息，但对巧克力爱好者来说却是个坏结果，因为现在的可可产量比以前少，巴西的咖啡产量比以前多。最好的解决方案是玻利维亚放弃生产咖啡，而巴西生产少量的可可，以确保其供应

足够满足需求。它们最终的产量是这样的：

国家	咖啡（百万吨）	可可（百万吨）
巴西	1400	100
玻利维亚	0	600
总计	1400	700

如果有个"买玻利维亚货"的活动鼓励玻利维亚人民买国产咖啡，该国的经济状况将变糟，而不是变好，因为该国农民就得种他们最不擅长种植的作物而收入减少。

代价是什么？

为了进行贸易，两国需要确定一个咖啡和可可（或橄榄和山羊）的交换比例。显然，两个国家都不想为这些商品支付与国内生产成本相同的价格；如果是这样，交易就没有意义了。在巴西，一吨咖啡"价值"半吨可可（机会成本），可以记为：

1 咖啡 ＝ 0.5 可可

因为玻利维亚每生产一吨咖啡相当于生产三吨可可，所以等式表达为：

1 咖啡 = 3 可可

这两个国家想要设定的条件，要优于仅仅支付机会成本就能得到它想要的咖啡/可可。他们需要将交换比例固定在每吨可可兑换半吨到三吨咖啡之间。在这种情况下，1 咖啡 = 1 可可，对两国都好，但玻利维亚受益更多。所以他们可能会定为：

1 咖啡 = 1.75 可可

因为这是 0.5 和 3 的中间点。

全球竞争

一个国家要想在全球具有竞争力，就必须在几个市场上具有比较优势，这样才能找到贸易伙伴。自然资源给国家带来优势：科威特有石油储备，西西里岛有适合种植柠檬的气候，冰岛被富含鱼类的海洋环绕。一个国家可以通过开发其人力资源或对其想要建立的市场进行投资，使自己获得竞争优势。就国际贸易而言，最好是建立起可以出口的市场。例如,冰岛不会通过完善雪橇来增加其国际竞争优势,因为许多地方是不需要雪橇的。

不仅如此

不可避免的是,决定一个国家能否在世界市场上成功地进行贸易,必然还有其他因素。有时,一个国家缺乏竞争力与价格有关:

- 汇率:如果一个国家的货币坚挺,而另一个国家的货币疲软,那么前者很难从与后者的交易中获益。强势的英镑/美元/欧元对出口不利
- 通货膨胀率:如果一国的通货膨胀率高于另一国,那么前者出口的商品在后者的价格会显著提高
- 单位劳动力成本:如果生产每一件商品的劳动力成本上升,出口商的成本会增加,而进口商的成本也会增加

一个国家缺乏竞争力的其他原因包括:

- 产品质量:如果一个国家生产低质量的产品,这

些产品将很难在竞争激烈的市场上销售
- 服务质量：良好的售后服务和及时的交货所建立的声誉会吸引更多业务，而糟糕的服务将失去业务
- 市场营销：调查市场，生产符合客户要求的产品，并对成品进行广告宣传，这些都是在市场中创造热度的重要途径
- 收入弹性：这是一个经济体中消费者财富的变化。如果一个国家的人民有金钱和动力来购买进口商品，出口商在这个市场上将会更成功
- 民族主义：人们可能更喜欢购买国产商品。他们也可能是出于对环境的关心和意欲减少碳排放而选择这些产品

贸易壁垒

政府有时会对自由国际贸易设置壁垒，因为他们想保护本国生产商。他们通过征收关税（对进口商品征税）和实行配额来限制某些商品的进口数量。然而，在贸易保护主义政策下，输家通常多于赢家。

赢家是能够占领国内市场的本国生产商。他们的产

品可能比进口的更贵或质量更差,但如果消费者只能买到这些产品,他们仍然会成功。输家是消费者和试图将商品作为进口商品出售的国家/企业。消费者要么付更多的钱,要么就一无所有,特别是如果本国生产商不能生产足够的产品来满足需求时。

贸易保护主义是种可能适得其反的策略。无法向受贸易限制的经济体出售其产品的国家很可能同样用关税或配额进行报复,损害贸易保护主义国家销售其出口产品的能力。唯一的赢家是本国经济中的商品生产者(以及政府,因为它从关税中获得收入)。

除了关税和配额,政府还可以向国内产业提供补贴,协助其提升竞争力。政府还可以进行额外的立法,比如要求进行检测,使向该国出口产品变得既昂贵又困难。

同意它

自愿出口限制(VER)类似于配额,只是两国都同意这种限制。一个国家会同意限制其出口,这可能看起来很奇怪,但这可以带来经济利益。如果一种产品的供给受到限制,因此不足以满足需求,价格就会上涨。因此，尽管出口商能向市场出售的产品变少了，但产品的单价变高了。此后，日本和美国有一个VER，限制了1981—1994年间进口到美国的日本汽车的数量。美国之所以同意这一配额，是因为廉价、省油的日本汽车正威胁着美国的汽车产业。此后日本公司开始出口较大的豪华汽车，以便从有限的销售数量中赚取尽可能多的利润。

自由贸易还是非自由贸易？

大多数经济学家认为，自由国际贸易是更好的选择。它应该通过比较优势原则，使世界资源得到最有效的利用。但有些国家想要设置贸易限制，以便在加入严酷的开放市场竞争之前，给新生（新开始）产业足够的时间发展。这就引出了它自身的问题：什么时候应该撤回支持？如果新生市场设想不周，国家在该领域确实没有比较优势，该怎么办？

支持限制的另一个理由是，防止为削弱国内竞争而向另一国市场大举倾销廉价商品的情况出现。奉行自由贸易政策的世界贸易组织为各国制定了应对这一问题的条款。

一个稍微更具说服力的论点是,一个国家在关键大宗商品上完全依赖其他经济体是危险的。如果一个国家国内没有食物、燃料和基本原材料供应,它就可能被其他国家勒索,或者在发生战争时陷入孤立无援的困境。通过共同农业政策,欧盟花费了大量的预算来支持欧洲农民的农产品价格,这样做是为了防止食品市场完全被来自欧洲以外的廉价食品支配。在理想的世界里,我们可以假设我们的贸易盟友会一直为我们提供他们生产的粮食、天然气、钢铁等,但我们并不是生活在理想的世界里。

然而,也许最令人信服的反对自由贸易的论点是由乐施会、消费者国际和地球之友提出的。这些慈善机构指出,虽然世界经济总体上有收益,但这些收益都流向了一些大型跨国企业组织。输家是发展中国家、大多数消费者和环境。

第24章 跨国公司是如何合理避税的？

逃税是犯罪,但避税不是。
全球化使避税变得更容易。

2012年，一些大型跨国公司，包括谷歌、星巴克和亚马逊在一些国家缴纳的税款很少或根本不纳税的事被曝光后，引发了众怒。

与消费者的纠纷

这些跨国公司显然生意兴隆，却声称它们没有盈利，因此不应该缴纳公司税。星巴克声称它在英国已经亏损多年，却同时告诉其投资者，它对盈利很高的英国子公司感到满意。强烈的抗议导致了对这些企业的抵制。亚马逊厚着脸皮熬过去了；但是谷歌很难抵制，因为它无处不在。

容易受到抵制的星巴克是唯一一家向其批评者示好的公司。为了让抗议者噤声，星巴克同意向英国税务当局、税务海关总署缴纳2 000万英镑（3 100万美元），尽管星巴克坚称自己并无过错。这2 000万英镑（3 100万美元）只是九牛一毛，星巴克1998年在英国开业至2012年间，尽管销售额达到30亿英镑（46亿美元），但只缴纳了860万英镑（1 325万美元）的公司税。该公司每年还都申报运营亏损，并声称公司要到2017年才会盈利。

我们大多数人会问，如果一个公司拥有500家咖啡店，为什么会没有盈利？或者，如果它有500家咖啡店，却没有盈利，可能它并不善于经营咖啡生意。显然，星巴克颇为精通咖啡生意，且没有违法。那么它们是怎么做到的呢？

跨国公司是怎么做的？

一家跨国公司能够以这样一种方式组织其业务，使其在名义上的大部分利润来自对利润征收最低税率的地区。

这可能是一个合法的国家，如比利时，或一个避税天堂，如开曼群岛，除了为人们隐藏资金之外，几乎不做其他事情。

让我们假设一个叫Quickbuck的虚构企业在欧洲建立了连锁商店。有些欧洲国家的公司税税率比其他国家低得多。在英国，2012年的公司税税率为24%；在爱尔兰共和国，这一比例为12.5%。很明显，在爱尔兰而不是在英国赚钱，对Quickbuck有利。但爱尔兰很小，比大多数其他欧洲国家都要小，所以即使Quickbuck在爱尔兰开了很多门店，也不可能在爱尔兰赚到它在欧洲的大部分利润。因此，它采用了一种叫作转移定价的妙招。这包括以极高的价格从避税天堂国家向本国出售或授权商品。

为了做到这一点，Quickbuck在爱尔兰注册了自己的商标，并让其在其他欧洲国家的所有关联公司以极高的价格获取商标授权。然后，Quickbuck坚持要求其在欧洲的所有门店都使用（例如）一种特定的标价枪，它以每把1万英镑的价格卖给每个门店，尽管这把枪只要花50英镑就能从当地供应商那里买到。因此，其他欧洲门店的真正利润正逐渐被Quickbuck位于爱尔兰的总部侵蚀、浪费，因为当地的税率仅为12.5%。

这样做不好吗？

Quickbuck的做法并不违法，因为其他欧洲国家并没有对此进行监管，但包括日本在内的一些国家过去有相当严格的规定来防止转移定价。所以Quickbuck没有做错任何事吗？

认为Quickbuck做错了的观点是：Quickbuck从用纳税人的钱购买的商品和服务中受益，却没有以任何方式做出贡献。例如，Quickbuck 的大型卡车损害道路时，花的是纳税人的钱，但它对修复国家基础设施没有任何贡献。Quickbuck 可能会解释，它提供了就业机会，对 GDP 做出了贡献。但所有企业都在这么做，它们为基础设施同样做出了贡献。Quickbuck 得以更有竞争力，是因为它的税款更低。它可以从公平缴税的公司那里抢走生意。这是良好的商业意识，还是不道德地利用法律漏洞？抑或两者皆是？

巨大的损失

这听起来似乎是一个相对少见的问题，但其实不然。据估计，发展中国家政府每年因企业在避税天堂避税，使用被称为"漂洗利润"的方法，损失 2 000 亿美元（1 300 亿英镑）。另外 2 500 亿美元，即 1 620 亿英镑是因个人利用避税天堂而带来的损失，其中包括犯罪活动。全球经济的总损失为 1 万亿美元（6 480 亿英镑）。鉴于全球援助预算总额不到 1 000 亿美元（650 亿英镑），这显然是一笔不小的数目。如果避税天堂的漏洞能完全被堵住，就不需要国际援助了。对英国来说具有讽刺意味的是，72个避税天堂中有35个是英国的属地、领土或英联邦成员国，英国却是漂洗利润的最大输家之一。

和自己做生意

Quickbuck还有其他策略可以用来减少自己的纳税义务。它可以以很低的价格向自己销售商品，然后将其转移到公司税较低的地区，因此不会对盈利产生不利影响。它还可以在不同的国家借钱给自己，收取高额的利息，借此将资金转移到低税率地区。

英国政府认为，全球50%—60%的贸易是在同一家伞状公司的子公司之间进行的。这为漂洗利润提供了很大的空间。在利用不同税率进行定价的例子中，中国的电视天线售价为0.04美元（0.025英镑），而美国的推土机售价为528美元（342英镑）。定价过高的物品包括德国的锯条，每条5 485美元（3 556英镑）；日本的镊子，每把4 896美元（3 174英镑）。

公平的胜利

尽管如此，消费者的压力和政府的干预还是起到了作用，跨国公司被要求承担责任。2012年，英国政府对亚马逊、星巴克和谷歌进行了调查和审讯，并抨击它们"不公正""不道德"，以及在向政府账目委员会作证时满口胡言。欧盟税务专员已提议堵住允许大型跨国公司使用"激进纳税方案"的漏洞。在立法修改之前，公众批评的主要对象已经开始在其经营的国家缴纳更多的税款。例如，美国税务部门要求亚马逊补缴15亿美元（9.7亿英镑）的税款。